なぜ、高くても買ってもらえるのか

値決めに成功した27社の実践

坂本洋介 著
Yosuke Sakamoto

同友館

はじめに

昨今、円安による輸入原材料や燃料価格の高騰で、関連商品のかつてない規模での値上げや、その結果としての賃上げ圧力も強まってきています。

しかし多くの中小企業では、相手との力関係などもあって、コストプッシュ要因を取引価格に乗せることができず、利益なき繁忙状態に苦しんでいます。

かつてはこれらコストプッシュ要因も、一層のコストダウンや、さらに利幅を削っての対応でしのげたかもしれませんが、今や限界に達しているのです。

にもかかわらず、そうした従来型対応に終始すれば、そこで働く社員や協力企業の働きがいや働きやすさを、逆に奪い、苦しめることになるでしょう。

生産性向上の中核である社員のモチベーションを一段と低下させ、優秀な社員や有力な協力企業からそっぽを向かれてしまうという最悪の結果です。

社員や社外社員である協力企業を苦しめるような生産性向上は、本当の生産性向上ではないのです。時代は変わりました。中小企業がコストプッシュ要因を吸収するという時代ではないのです。そんなことをしていたら、間違いなく企業経営は存続できなくなってしまいます。

正当な値上げを全く認めないような企業や顧客、さらには、自社は10％の利益を実現しているにもかかわらず、収支トントンの協力企業に対して、一方的にコストダウンを強いるような顧客や企業に、これからもお付き合いしていたら、間違いなく未来はありません。

筆者は常々、「いい企業になりたければ、いい企業・いい顧客とお付き合いすること」「理不尽な取引を平気でするような企業や顧客と取引しながら、いい企業になりたいなどとは、無理な相談」と言っていますが、これこそ、いい企業になるための基礎的前提だと思っています。

適正な価格設定や値上げを、社会や顧客に心から認めてもらえる経営をしなければならないのです。

また、そうした経営をしていかないと、社員に対して適正な給与や賞与を支払うことができないばかりか、社外社員である協力企業に対しても適正な発注単価を提示することができません。そして結果として、社員も協力企業も愛想を尽かし、離れていってしまいます。

こう言うと、読者の多くは、そんなのは理想主義だとか、とても無理だと思われるかもしれません。

でも、決してそうではありません。というのは、全国各地を見渡すと、「値決めは命」と位置づけ、市場から高い評価を受け続けている中小企業も少なからず存在しているからです。

これからは「正しい値決め」の時代です。本書は、多くの中小企業に適正価格経営を実現し、勝ち残ってもらうために執筆しました。

全体を3章構成にしてあります。まず第1章では〈価格競争の限界と終焉〉と題し、価格競争をベースとした経営からの決別の必要性と方法等について述べました。第2章では〈非価格経営の実践のために「価格」を知る〉と題し、そもそも価格とは何かや非価格経営の重要性について述べました。

そして第3章では〈事例にみる「高くても買われる商品・サービス」〉と題し、全国各地の27社を取り上げ、その取り組みやエピソード等について述べました。

27社の生きた事例は、どんな業種であれ、どんなに小さな規模であれ、値決め経営は可能であると気づかせてくれます。

本書が、多くの中小企業のこれからの値決め経営の実践に少しでも役に立てば幸いです。

最後になりますが、本書の事例に取り上げさせていただいた各企業の担当者の皆様には、業務ご多忙の折、原稿内容確認にご協力いただきました。お礼を申し上げます。

また、筆者が席を置くアタックスグループの丸山弘昭代表パートナー、西浦道明代表パートナー、林公一代表パートナーをはじめとした関係者の皆様、そして兼務をしている「人を大切にする経営学会」の関係者の皆様には、本書執筆の機会をいただき、厚くお礼を申し上げます。

2023年10月

アタックスグループ　強くて愛される会社研究所　所長
人を大切にする経営学会　事務局次長

坂本　洋介

目次

第1章

価格競争の限界と終焉

❖経済情勢に翻弄される日本企業

２０２２年10月20日の円相場で1ドル１５０円台となり、１９９０年8月以来およそ32年ぶりの円安水準となりました。

それに加え、新型コロナウイルスの感染症法上の分類が季節性インフルエンザと同じ「5類」に移行されたとはいえ、依然として我が国は終わりの見えないコロナ禍が続き、さらには原油高による原材料費や光熱費、輸送費などあらゆるコストが高騰し、多くの企業が苦しんでいます。

株式会社帝国データバンクが２０２２年9月に実施した「企業の価格転嫁の動向アンケート」では、コストの上昇分を販売価格やサービス料金に「多少なりとも転嫁できている」企業は70・6％、「全く価格転嫁できていない」企業は18・1％となっています。

しかし、「多少なりとも転嫁できている」と回答した企業でも、その価格転嫁率は36・6％と4割未満にとどまっています。つまり、これはコストが１００円上昇した場合に36・6円しか販売価格に反映できていないということです。

物価高が続く状況下で、企業は取引先からの理解が得られないことや顧客離れを懸念し、価格転嫁に結びつけられていないのが現状なのです。

❖繰り返される企業の値上げ

その一方、価格転嫁できた企業でみられるのが、複数回の値上げを行っているケースです。株式会社東京商工リサーチが大手外食企業122社を対象に、「値上げ、および値上げによる価格改定」について調査しています（2022年1月から11月上旬）。

その結果をみると、122社のうち、値上げした企業は82社、率にして67・2％を占めていました。その一方、値上げしていない企業も40社、率にして32・7％となっています。

これを、値上げ回数でみると、1回が54社（構成比44・2％）と半数近くを占めたものの、2回が25社（20・4％）、3回も3社（2・4％）と、2022年内だけで複数回の値上げに踏み切った企業も多いことが分かります。

なお、値上げを複数回実施した業態をみてみると、ファストフードや中華・ラーメン、回転寿司など、1品当たりの単価が安い業態で目立っています。

また、値上げの理由をみると、原材料の高騰が最も多く、89ブランド（構成比84・7％）と8割超を占めています。次に、物流費の高騰が53ブランド（50・4％）、資源（原油含）費の高騰が28ブランド（26・6％）、人件費の高騰が23ブランド（同21・9％）と続いています。

今回の値上げは、経済情勢に翻弄された結果ではあるものの、もともとが本来の価値と見合わない安すぎる単価で販売していたということも大きな要因になっているのではないかと考えられます。

❖価格の優等生など存在しない

誰が言い始めたかは分かりませんが、価格の優等生という言葉があります。価格の変動が長期にわたって小さく、さらに元々の価格も安いモノを意味していて、日本において多くの場合は、もやし・鶏卵がその代表として取り上げられています。

しかし、本当にこの世の中に価格の優等生というものが存在するのでしょうか。また仮に存在していたとして、未来永劫、そうあり続けることは可能なのでしょうか。

２０２２年11月11日の「もやしの日」を前に、もやし生産者でつくる工業組合もやし生産者協会が新聞に全面広告を掲載しました。そこには以下のような内容が書かれています。

「これまで、もやしを支えてくださったすべての皆様に心より感謝申し上げます。物価の優等生として家計に貢献できることは、わたしたちの誇りでもありました。しかし、安さばかり追求していては、もう続けていけない状況です」

「30年前に比べて、原料種子は3倍以上、最低賃金は1・7倍、様々なコストが上昇。一方のもやしの全国・平均単価は2割以上も下落しているのです。もやし生産者は8割減少し、今も減り続けています」

「もやしの未来のために、持続可能なサプライチェーンの実現のために、もやし生産者の窮状をご理解ください」

同じく鶏卵も、これまで小売店などで特売の対象となる、価格の変動がないものと認識されてきました。しかし、鶏卵は季節によってニワトリが卵を産む量も変わるし、クリスマスケーキのような季節商材による需要の変動も大きくなります。それに加え、ニワトリの餌の原料となるトウモロコシの仕入れ値が、ウクライナ情勢の悪化によって急激に上昇していて、ある養鶏業者の話では、2年ほど前はトウモロコシ1トン当たり3万5000円ほどだったのが、今では2倍の7万円に。去年は月350万円ほどだったエサ代が、今年は月500万円になっているといいます。また電気料金も値上がりしているため、さらに追い打ちをかけています。

先程の養鶏業者は、「エサ代が値上がりしたということは、日本全体で養鶏農家が大変な思いをしている。対策をできる人はいいが、できなかったらやっぱり辞めざるを得ない。

赤字を背負って倒産したり家を取られてしまうことになるなら、早く辞めたほうが負債が少なくていいと考える人も出ている」と窮状を訴えています。

❖なぜ価格の優等生は生まれたのか

では、なぜ価格の優等生的な商品が生まれたのでしょうか。大きな要因は生産者側の問題と、生産者と小売り・消費者間の問題の2つあると思います。

まず、生産者側の問題というのは、生産者側が、あまりに強く価格の優等生というイメージにとらわれ、顧客離れを懸念しすぎている点です。

「本来だったら値上げしたいが、一気に値上げして、お客様に嫌われてしまうのではないか」「いろんな食品が値上がりしているなかで、ちょっとでも安い物を探そうという動きがあるのをみると、上げればいいというわけでもない」「我慢しなければならないところは我慢して様子をみて、1年、2年経ったときに、このままでやっていけるかどうかを考えながら、先のことを決めていきたい」などと、なかなか値上げに踏み切れないでいるのです。

もう1つが小売り側・消費者との力関係・隔たりです。これまで卵やもやしは、スーパーなどで集客の目玉商品・特売商品として、過度な安売りをされてきました。また消費者も、どんな事情があろうとも、価格の優等生はいつの時代も価格変動しないものとの思い込みがあるため、小売り側は「ある程度は値上げを受け入れざるを得ないが、家計が許容しているとは言えない。板挟みになっている」と話してはいるものの、多くのケースでは、小売り側が値上げを見送っているために、生産者が負担をかぶることになっているように思います。

❖美談にしてはいけない話

特に、地方に昔からある商店や飲食店などが、長年、地域やお客様から愛され、大切にされてきたから、たとえ材料費の物価高騰があろうが決して値上げはしない。この価格を守り続けていく。という話題が取り上げられることがあります。

一見すると、お客様を思う店側の美談とも言える心温まる話ではありますが、これを美談で済ませてはいけないと思います。

では、なぜこのような話が次々に出てくるのでしょうか。それは店側がお客様との長年の関係が壊れる・お客様が離れるのではと思い込みすぎていることが理由の1つではないかと思っています。

お客様のことを思う店側の気持ち・思いやりは十分感じられ、そのことで顧客側もますますファンになることは間違いないとは思いますが、実際に、材料費や電気代などの価格は上がっているなかで、値上げしないというのは自分たちが犠牲になってその価格を維持していると宣言しているようなものです。

この経済情勢のなか、一部の顧客は価格据え置きの状態を喜び、値上げをする店を悪く言うかもしれませんが、本当の客であるならば、この状況下、店側が値上げせずになぜできているのかに疑問を持つべきです。そうでなければ、店側が価格を維持し続けることで、最悪の場合、店を閉めることになり、一生、その商品・サービスを得られなくなることさえあると考えるべきでしょう。

一方で、お客様のことを思うと値上げなんかできない、申し訳ないと言う経営者の方がいますが、自分たちの店がなくなることのほうが、お客様に与えるデメリットははるかに大きいのです。

これだけ長年関係を築いてきた間柄であれば、むしろ店側の事情を理解し、値上げすることを支持してくれるはずです。それで裏切られたと感じ離れていく顧客がいたら、その方は本当の顧客・ファンではなかったのです。お互いが幸せになるための値上げは、悩むことなく実行することが大切です。

❖値上げは悪ではない

先日、日本を代表する企業の1つであるカルビー株式会社の伊藤秀二社長が、業界紙(1)の取材のなかでこう話していました。

「さまざまなコストアップ要因から値上げをした企業が多かったが、まだできていない企業も多いだろう。単価の低いものほど厳しい状況で、価格帯の概念を変えるべき時期が来ている。コスト増はメーカーだけでなく、生産者さん、卸さん、小売さんにも影響を及ぼしている。当社は昨年も今年も、契約生産者さんからの仕入れ価格を上げて購入している。ばれいしょを作るための肥料やエネルギーコストが上がる中、適切な対価を払わないと産業自体がしぼんでしまう」

「値上げはメーカーがするもの、といった流れがあるが果たしてそうだろうか。小売さんは、電気代や人件費増による利益圧迫がみられる。消費者がストレスなく買い物ができるための手間とコストがかかるのは当然のこと。コロナ禍でライフラインを守ってくれたことで、エッセンシャルな仕事だと消費者からも認知されている。そこのコストを売価に反映しても消費者は理解してくれるのではないだろうか」

「価格改定を行い、適正価格で得た利益を社員の給料に回すという循環を目指すべきだ。グローバルに見ても日本のレイバーコストは低くなっていて、それをベースに設定した価格だと将来回っていかないだろう」

「菓子業界も競争ではなく共創していくべきだ。環境も変化し価格の消耗戦ではなく価値を高めあっていくことが重要。ビジネスをやっている以上儲けないと続かないという原則のもと、コストオンに関して勇気を持つべき。「お客様のために」という精神はだれもが根本に思っているところ、そのためには正しい商品を正しい価格で売ることが重要だ」

この言葉の通り、正しい商品を正しい価格で売るということは、当たり前のことであって、決して悪でも間違った行動でもないのです。

❖価格比較できることの功罪

消費者が価格に敏感なのは、いつの時代も変わらない光景です。古くは、新聞の折り込み広告を隈なくみて、1円でも安い店を探し、商品ごとに買う店を変えるということが日常的に行われていました。

また、IT化が進んだ現代では、あらゆる商品・サービスの価格比較ができるウェブサイトや、こちらが望んでいなくても最安値の情報を教えてくれるサービスなども存在しています。確かに、同じ商品・サービスを少しでも安く手にできるならば、それに越したことはないと思います。

ただ、現在行われている価格比較は、正直行き過ぎのような気がします。消費者側に安いことが絶対条件、価格が安いことが正義、価格が高いところはおかしい、私たち消費者をだましているのではないか、という思い込みを植え付けてしまっているように思えるからです。

そうして消費者は、本当に同じ商品・サービスであるのかを考えず、とにかく価格ありきで選択をして、お得な買い物、サービスを利用できた自分に対する満足感・優越感を感じ、ますます価格比較にのめりこんでいくのです。

❖間違った世界最適購買

大手メーカーなどで日常的に行われている、相見積もりや競争見積もり、さらには「世界最適購買」という名の取引先の選定方法があります。世界最適購買とは、世界市場から最適な機能、品質、価格および納期で調達する方法のことです。

あくまで最適な機能、品質、納期といった点も踏まえての言葉なのですが、このことを勘違いし、いかに世界中から最も安い価格で調達するかということだけを追求している企業も数多くあるように思います。

この方法は、新商品づくりの場合は重要になるかもしれません。その一方で、既に長期間にわたり流通している商品の場合には、世界最適購買という名の下で多くの下請け企業が苦しむことになったのです。

言葉は美しいですが、結局は、いかに安く良いものを仕入れるかが主眼にあるため、これまで自社が下請け企業の犠牲の上に成り立っていたことを忘れ、多くの中小企業を天秤にかけ、力で価格を決めるようなやり方が横行したのです。

当時、よく知る製造業の経営者が、「今年は何とか受注に成功できたが、来年はほかがもっと安く見積もりを出してくるはず。だからうちも利益は全く出ないけど、仕事がなくなるのは嫌だから、それ以下で見積もりをしないと受注ができなくなってしまう」と言っていたことを思い出します。

❖価格競争しかしてこなかった多くの企業

生産管理や生産マネジメントでよく使われる用語として、ＱＣＤがあります。それぞれ、Ｑ（Quality：品質）、Ｃ（Cost：費用）、Ｄ（Delivery：納期）の頭文字をとったもので、特に製造業では重要視されている3つの要素です。

本来、この3要素はそれぞれが密接に関係していて、より良い製品を、満足できる価格で、希望する納期までに届ける努力・実行を各企業が行ってきました。しかし、いつしか企業間競争が激化して、ＱＣＤのバランスが崩れ、Ｃのみを強みにして繰り広げられる勝者なき消耗戦が展開されるようになったのです。

Ｑは品質を上げる、Ｄは納期を早めるという、企業・取引先・消費者にとってプラスの面が大きいのですが、Ｃに関しては上げるための努力というよりも、どこまで下げられるかの我慢比べで、企業にとってのメリットはほぼないと言っても言い過ぎではありません。

価格競争に身を投じる企業の多くも、消耗戦になることは理解しているはずです。それでも、そこで戦わざるを得ないのは、ＱとＤを向上させる努力・取り組みを十分してこなかったがゆえに、「利益が出なくても仕事がないよりはまし」という誤った判断をしてしまうのです。

そこには企業努力ではどうにもならない戦いしかないのです。たとえば、親会社や取引先から「Ａ社は90円と言っているが、おたくはいくらでやれる?」と聞かれれば、「88円で」と答え、さらに「Ｂ社が85円と言ってきたが」と言われれば、「83円で」といった具合に、まさに採算度外視の勝者のない消耗戦が繰り広げられていくのです。さらに、競争相手が国内同業であればまだしも、人件費が日本と比べてまだまだ低い海外企業が相手となると、さらに厳しい戦いを強いられることになります。

Ｑ・Ｄを高めずに、Ｃでのみ戦い続けていては、いずれ企業としての限界を迎え、倒産という最悪のケースに陥る危険もあるのです。

❖価格対応の疑問手①　ステルス商法

価格競争を選んだ企業が行き着く先は、値段を下げ続ける消耗戦と言いましたが、それを回避するために誤った対策を取ってしまう企業が多いように思います。

最近、「シュリンクフレーション」「ステルス値上げ」といった言葉を耳にしたことがあるのではないでしょうか。その意味するところは、消費者が知らない間にこれまでの内容量や数量をこっそり減らして、値段据え置きで販売をし、実質値上げをするといったことです。

単純に、値段やパッケージが変わらないまま、サイズだけが減っていたり、スーパーやコンビニの弁当・惣菜が実際の量よりも多く入っているように見せる、いわゆる上げ底商法等があり、一見すると何も変わっていないように見誤ってしまいます。

原材料費の高騰や物流コスト増などで、それを値段に転嫁せざるを得ない状況は理解できます。また何とかして値段据え置きで、お客様に提供し続けたいという企業努力と言えば、そうとも言えるだろうとは思います。

ただ、消費者に理解・納得してもらえるか否かは、その値上げが原材料の調達先や製造方法の見直し、さらに包装資材の軽量化など、様々なコスト削減策を取った上での決断だったかどうかではないでしょうか。

消費者には何の説明もなしに、中身は減っているのにパッケージは以前と同じにして変化していないように見せかける実質値上げ。原材料費の高騰以前につくっていたにもかかわらず、それを理由にした値上げをする偽装値上げ。これで「私たちも苦しいので値上げすることを理解してください」と言われても誰が納得するでしょうか。

その値上げが、企業が想定している利益・売上を得るため、我々をだまそうとしているのではないかなどと、少しでも疑念を持たせるようなものであるならば、そのときに得られる利益よりも、後々に失う信頼のほうが大きくなるということを認識すべきだと思います。

❖価格対応の疑問手②　あおり商法

テレビショッピングや通信販売情報をみていると、たとえば、「通常価格5万円のところを今なら特別価格で半額の2万5千円」といったPRをしていることがあります。また、「今ならもう1つ同じものをつけて2万5千円で」と言ったり、「放送終了後30分以内に注文をされた方には、送料無料やおまけをつけます」などと売り込んだりしています。

これは、もちろん売り手側が大量仕入れをしているから価格を抑えることが可能になっているということもあります。テレビショッピングは、長い期間をかけて売るのではなく、短期間で売るのが勝負で、そのためのやり方・テクニックだと理解しますが、利用する消費者にしてみれば、最初に示された通常価格は何だったのかと疑問を持つ方もいるでしょう。

また番組中に、「残り少なくなっています」「注文のお電話が殺到しています」と、利用者をあおるような発言も多々見受けられます。もちろん、いい商品をより多くのお客様に届けたいという思いもあるとは思います。しかし、判断を急がせることで衝動買いに近い行為を誘導し、必要ない商品でも購入してしまい、後々、冷静になったときに、買う必要がなかったと気づく消費者も一定数いるはずです。

商品はある程度売れるかもしれませんが、リピーターづくりにつながるかといえば疑問ですし、そもそもそういう売り方が常態化している企業に消費者が厚い信頼を寄せることはないように思うのです。

❖価格対応の疑問手③　早すぎる価格転嫁

こうした理不尽な価格設定は、ガソリンスタンドなどでもみられます。

ガソリンの元となる原油は100％輸入に頼っていて、為替レートの影響をもろに受ける商品であることは百も承知ですが、それでも疑問を感じざるを得ないことがあります。

というのは、為替が円安に振れたその日から、ガソリン価格が上昇するからです。先入れ先出し法か後入れ先出し法かはともかくとして、中近東の産油国から原油がタンカーで日本の港に運ばれ、精製されガソリンになるまで、少なくとも1ヶ月余りの期間がかかります。そのため小売価格が1ヶ月後に上昇するならばともかく、今日や明日から値上がりするというのは、ありえないことです。

❖価格対応の疑問手④　サービスになっていない「サービスデー」

全国チェーンのスーパーマーケットでの話です。このスーパーでは、お客様サービスの一環として、毎月数回の「高齢者感謝デー」が設定されています。こういったサービスは多くのスーパーで取り入れられているものでしょうが、そのやり方には問題もありそうです。

ほぼ毎日のように、そのスーパーに買い物に行っていた利用者が、何気なく商品の価格をみると、高齢者感謝デーの数日前まで１００円の値札が付いていた商品が、なぜか感謝デー当日に１１０円になっていたと言います。また別の商品では、それまで１００円の値札の付いていた商品が90円と安くはなっていたものの、袋に入っていた数は明らかに1割ほど少なかったそうです。

これは前述したステルス商法にも通じることですが、利用者を欺いて得た価格上昇は決して長続きすることはなく、最悪の場合には取り返しのつかない結果につながっていくのです。

❖価格対応の疑問手⑤　便乗値上げ

昨今の経済情勢に翻弄され、するべき企業努力をした上で、それでもどうにもならず、苦渋の決断で値上げをする企業が大多数であるとは思います。

しかしながら、ないとは思いたいですが、「今は、多くの企業が値上げを許容されているから、このときにうちの会社も値上げしておけば、たとえ自社の業績不振、経営者の努力不足が原因だとしても気づかれない。疑われずに値上げができる」といった、今回の経済情勢に便乗した値上げではないかと感じてしまうようなケースもみられます。その意味でも、現在起きている値上げをすべて経済情勢の悪化とひとくくりにしてしまうのは危険に感じています。

そのいくつかは、今回の経済情勢の悪化の影響をほぼ受けていない業種の企業や、既に経営上の問題を抱えていて、それを解決することができていなかった企業の値上げも少なからず紛れているからです。

❖価格対応の疑問手⑥　乗車整理していない乗車整理券

これは、これまでの一般的な企業の事例とは少し異なり、また価格競争ともやや異質ですが、時々利用する地元の鉄道に関することです。私の住む地域は基本的に各駅停車の在来線が運行しているだけですが、１日の朝と夜に何本か快速電車が走っています。

その列車は、座席の提供を保証することを主な目的として運行されている料金徴収型の座席指定制もしくは定員制快速電車とされており、乗車には通常運賃にプラスして乗車整理券の購入が必要となります。

これだけみれば、いたって当たり前の話ではありますが、疑問を感じるのは、座席を提供することを主な目的として運行されているにもかかわらず、電車内で席に座れず立っている乗客がいることです。それに加え、利用者は乗車整理券を購入しているにもかかわらず、乗務員はその方たちを座席に座らせるための乗車整理を行っている様子がないことです。

そんなに言うなら乗らなければいいだけではと言われる方もいると思いますが、それでは、何のために乗車整理券代を支払っているのかということです。鉄道会社も当たり前のように料金を徴収し、利用者も何の疑問も感じずに支払っていますが、この状態が長続きするはずはありません。

実際、この春からその快速電車は土日休日の運転を取りやめています。表向きの理由としては、利用客の減少によるとしてはいますが、恐らくこういった対応を目の当たりにした利用者が距離を置いたことも一因にあるのではないかと思っています。

❖理想は非価格競争

人は誰でも「高くて良いもの」より、「安くて良いもの」を選択しようとします。これは人として自然な、また当然な行動です。

しかしながら、問題はその価格です。その価格の安さが、その商品の生産や販売等に関わる誰かの犠牲・我慢の上にかろうじて成り立っているのであれば、その値決めは到底、健全・適正とは言えません。健全・適正でない以上、その商品が長く顧客に支持され、その価格で提供され続けることには、いつか限界が来るはずです。

その意味で、価格は企業経営の命であり良心なのです。生産者はもとより、販売者・物流業者、さらには、顧客や社会を含めた関係するすべての人々が幸せ・喜びを実感できる価格でなければなりません。

企業の競争力には大きく2つあります。１つは「価格競争力」、もう１つは「非価格競争力」です。価格競争力とは、言うまでもなく、「他社より安い」といった価格の安さを追求した競争力です。

一方、非価格競争力とは、価格の安さではなく、他社にはない価格以外の付加価値を追求した競争力です。もう少し具体的に言うと、その企業でしか扱っていない価値ある商品や、その企業でしか創造・提案できない価値ある感動サービス、さらには、お客様が絶賛する組織風土やブランド等のことです。

どちらの競争力が理想的かと聞けば、恐らく１００％の人々が非価格競争力と回答するでしょう。

今から6年ほど前になりますが、筆者も委員の1人として関わり、「非価格競争経営に関するアンケート調査」を行ったことがあります。２０１６年と少し前の調査ですが、回答企業（製造業・非製造業を含め８３６社）をみると、「価格競争型企業」が81％、「非価格競争型企業」が19％となっていて、当時、圧倒的に価格の安さを売り物にした企業、価格が安いことが唯一の存立基盤という企業が多かったのです。

価格競争型企業が圧倒的多数だった時代によくみられた売り方に、こんなものがありました。たとえば、大手スーパーや量販店で「自社の価格が、もし他店よりも1円でも高ければ、そのチラシをみせてくれたら、同じ価格、さらに安い価格にします」。またチラシがなくても、「あそこの店はここよりも安かった。ここで買うから同じ価格にしろ」という声の大きい客にだけ値引きするといった売り方です。

当時は、1円でも安くなるからありがたいと、多くの人がチラシを持参して、複数店舗を歩き回ることも確かにありました。

しかしながら、いつしか時代も、消費者心理も変わり、「この店が当初設定した価格は何だったのか」「声の大きい客、値切れる客だけ安くなるのはおかしいのでは」と、逆にその店の値決めに不信感を増幅させていくようになったのです。

❖ハードとソフトの非価格競争分野

非価格競争は、大きく分けてハードとソフトの2つがあります。1つ目のハードな非価格競争とは、自社にしかできない価値ある商品の創造や生産、さらには販売をする競争です。

そのため、その商品の市場・業界シェアやランキングが高いとか一番であるといったレベルの「ナンバーワン経営」ではなく、「オンリーワン経営」ということになります。より効果的なハードな非価格競争力は、新商品に主導された経営です。これはその商品がローテクであれハイテクであれ、その企業のその年度の売上高の大半を、その年の新商品が占める経営です。

もう1つのソフトな非価格競争力とは、モノではなく企業のソフト面の競争力です。具体的には、値段は他社より少々高いが、「接客サービスやアフターサービスが抜群に良い」「1個でも、今日・明日という短納期で対応してくれる」「困ったときにいつでも駆けつけてくれる」といった競争力です。

それぞれの非価格競争力自体は小さなことかもしれませんが、これら一つひとつが積み重なることによって、大きな差を生むことにつながり、やがて、ダントツの競争力を形成します。

しかも、こうしたソフトな非価格競争は、ハードなそれとは異なり、大きな投資を必要としません。それどころか、比較的に短時日で実行することができるのです。

❖値決めは経営

良いものは高くて当然という考えが根底にあるとはいえ、その商品・サービスの価格が高ければ高いほど良いというわけではありません。そんなことをしていたら、市場から疑問を持たれ、反感を買い、やがて見放されてしまいます。

やはり、どんな商品にも適正価格というものがあります。つまり、売る側も買う側も納得する価格です。2022年8月に亡くなられた、京セラ、DDIという国内でも最大手の企業を立ち上げた稲盛和夫氏のフィロソフィー（哲学）のなかに、「値決めは経営」という言葉があります。

その意味するところを稲盛氏は、「経営の死命を制するのは値決めです。値決めにあたっては、利幅を少なくして大量に売るのか、それとも少量であっても利幅を多く取るのか、その価格設定は無段階でいくらでもあると言えます。どれほどの利幅を取ったときに、どれだけの量が売れるのか、またどれだけの利益が出るのかということを予測するのは非常に難しいことですが、自分の製品の価値を正確に認識した上で、量と利幅との積が極大値になる一点を求めることです。その点はまた、お客様にとっても京セラにとっても、共にハッピーである値でなければなりません。この一点を求めて値決めは熟慮を重ねて行われなければならないのです」と言っています[2]。

高いから悪い、安いからいいということではなく、お客様が喜んで買ってくれ、自社にも適正利益がもたらされる最高の値段を決めることが重要で、それこそが経営そのものなのです。

❖適正価格を見極める

企業は常に好不況の波にさらされます。そんななかを生き抜く体力を持ってこそ、お客様や社員に対して安心を提供でき、さらに、お客様のために良い商品を届けることが可能になるのです。

どんなに良い商品・サービスを提供していたとしても、ちょっと不況の風が吹いただけで会社が危うくなっていては、結果として関係する人を不幸にしてしまうのです。そのために、黒字にするだけでは十分でなく、しっかりとした利益率を継続的に確保することが重要となります。その目安は、仕入れなど取引先に適正な金額を支払い、社員にも適正な給与を支給し、さらに研究開発や教育研修などの「未来のための費用」を予算化した上で、それらを満たせる利益率、それが自社にとっての適正利益率です。

ただ、ここで間違ってはいけないことは、あくまでも、利益というのは、お客様の納得の上で頂ける、お客様からの感謝料、神様のご褒美といった結果であって、初めからそれを目的にすることは間違っています。一般的に、売上－経費＝利益と言われますが、利益に過度に固執すると、その達成のために無理に売上を上げることや経費の過度な削減に走ることになり、社員や仕入先を心身ともに苦しめることになるからです。つまり利益は高ければ高いほどいいというわけではなく、非価格競争が重要とはいえ、適正価格を見極める必要があるのです。

(1)『食品新聞』２０２２年12月28日、ｗｅｂ版。
(2)「値決めは経営である」稲盛和夫ＯＦＦＩＣＩＡＬ　ＳＩＴＥ。

第2章

非価格経営の実践のために「価格」を知る

❖そもそも価格はどう決まるのか

私たちが、普段、何気なく支払っている商品・サービスの価格は、そもそもどのように決まっているのでしょうか。また価格とはそもそも何なのでしょうか。

価格という言葉の意味を辞書で調べると、「商品の価値を貨幣で表したもの」「値段」と出てきます。では、どのように、その商品の価値を値段という数値に表せばいいのでしょうか。価格を決める方法はいくつかありますが、一般的には、商品・サービスのコストに一定の利益率を加えたり、損益分岐点から価格を設定するコスト志向型。商品・サービスの受け手側の価格弾力性から決定する需要志向型。競合の価格や入札により決定する競争志向型などがあります。

①　コスト志向型価格設定

まず、コスト志向型価格設定とは、商品・サービスなどを生産する際にかかったコストを基準にして、販売価格や提供価格を決定する方法を言います。比較的単純な価格設定方法のため、多くの企業でこの方法が採用されていると思われます。

このコスト志向型価格設定には、㋐コストプラス法（原価加算法）、㋑マークアップ法（上乗せ法）、㋒目標収益法の3つの方法があります。

㋐コストプラス法は、原価加算法とも言われ、ある一定の利益率または利益額を商品・サービスのコストに加えて価格を設定する価格決定方法です。これを計算式にすると、価格＝直接費＋間接費＋一定の利益、となります。

活用事例としては、売買契約は成立しているものの、契約外の追加コストを要するシステム開発や、事前にコストのはっきりしない建築業界などで多く用いられ、受注生産品や公益性・独占性の高いサービス産業に適した価格決定法と言えます。

㋑マークアップ法（上乗せ法）とは、小売業者や卸売業者による売価決定法で、仕入れ原価に一定の利益率または利益額を加えて価格を設定する価格決定方法です。活用事例としては、スーパーなどで80円で仕入れたタマゴを25％の利益を乗せて１００円で販売するような場合です。

上乗せの度合いは、その商品が薄利多売型で特徴がなく、品質・機能などの面において他と差別化がされていない商品か、あるいは宝飾品のように店頭での在庫期間が長く回転率の低い高級品、または不動産、ガス・水道などのインフラ産業、運輸・流通業など機械設備や大規模施設が必要な装置産業であるか、という点によって大きく変わってきます。

通常、食品のような商品は利幅が薄く、逆に宝飾品のような高級品は高めの利幅が設定されることが多くなります。

コストプラス法との違いは、一定の利益を額で考えるか率で考えるかの違いであるため、コストプラス法の変種とも言えます。

㋒目標収益法とは、損益分岐点分析を利用した価格決定方法で、企業の目標とする投資収益率（ＲＯＩ）を実現するように価格設定する方式で、ターゲット・リターン方式とも言われます。

ちなみに、損益分岐点とは、損失と利益がゼロになるときの売上高のことを言います。費用を原材料や仕入商品や外注費などの変動費（売上に比例してかかる費用）と、人件費や事務所・店舗の賃料などの固定費（売上にかかわらず、一定的にかかる費用）に分けることによって算出することができます。

まず、どのくらい売れたら損益分岐点に到達するのかを理解して、その損益分岐点に見合った価格を設定することや、場合によっては固定費の見直しなども求められます。

コスト志向型価格設定は、自社でかかる費用だけを基準にして価格設定しているため、自社の考えで価格設定できるというメリットはありますが、その一方、同業他社が多い業界では、競争業者の価格や販売量が無視されている点と、実際のユーザーニーズに合致した価格帯かどうかが分かりづらいというデメリットもあります。

②　需要志向型価格設定

次に、需要志向型価格設定とは、その言葉通り、「いくらなら商品を購入してもらえるか」ということを考慮して価格を決める方法です。

需要志向型価格設定には、㊓知覚価値価格設定方式と㊔需要差別価格設定方式があります。

㊓知覚価値価格設定方式とは、ある製品やサービスに消費者がどれだけの価値を見出しているかという知覚価値に基づいて価格を設定する方法のことです。事前に市場調査やアンケート調査などによって、目標とする提供価格帯を決めた後、原価がそれよりも高い場合は、コスト削減や製品仕様の見直しなどを行い、その価格帯に近づけるという手法が一般的です。

この方法では、受け入れられる価格が先に決定され、その後にコスト計算や利益計算が付いてくることが特徴的なため、需要志向型の価格設定法であると言えます。

㊔需要差別価格設定方式とは、消費者の市場セグメントなどによって価格を設定する方式のことで、需要度が異なる場合に、原価がほとんど変わらない、ほぼ同一の商品に対し

て、異なった価格を設定する方法です。

よく知られているものとしては、新幹線などの指定席に乗車する際に、最繁忙期には通常期の指定席特急料金に400円増し、繁忙期には200円増し、逆に閑散期には200円引きとなる価格設定があります。ホテルの宿泊料金が土日祝日や季節によって変動するケースも、これに当たります。

この方式によって需要を的確に予測して料金変動を行えば、提供側は利益を最大限に獲得できるのですが、一方で、同一または同様の商品・サービスを異なる価格で販売することになるため、不公平感が生じるデメリットもあります。

③　競争志向型価格設定

最後の競争志向型価格設定とは、競合店や競合会社が設定している価格を参考に、それと同等もしくはそれ以下の価格に設定する方式のことで、商品が差別化されておらず、市場内にある程度の競争相手が存在する場合に用いられます。つまり、競合商品の市場価格を考慮して価格を決定する方法です。

ただ、既に競合が存在する市場に商品・サービスを展開する後発組となるため、低価格で市場シェア獲得を図るということになりがちです。そのため、一旦、価格を設定したとしても、常に競合他社との価格競争が発生するため、本当の意味での価格決定権を持てたとは言いづらい状況だと思います。

また、この方式は、一般的に体力のある大企業が展開する方式であって、仕入れチャネルや販売力に限界がある中小企業が積極的にとる価格設定とは言えないでしょう。ただし、後発組というメリットを生かして、既存商品・サービスが満たしていない、お客様が求めるニーズやウォンツを叶えるものになっているとすれば、販売価格を市場価格と同一または高く設定することは可能と言えなくもないのです。

❖世の中には様々な価格が存在している

その他にも、日常的に目にする様々な価格をいくつか紹介していきます。

慣習価格法とは、消費者がある商品・サービスに対して認識している、過去から何十年と慣習的に設定されてきた価格から設定するという方式です。

たとえば、缶コーヒーなどはどこの小売店でもほとんど変わらない価格で売られています。このような慣習価格が存在する場合には、一度形成された慣習価格は、消費者の意識のなかに根強く固定されるため、これより安くしても売上はそれほど伸びず、逆にこれより高くすると消費者に敬遠され、売上が著しく減少することになります。なお、缶コーヒーのほかにも、たばこやガム、飴などのお菓子類が、これに当てはまります。

端数価格法とは、切りの良い数字ではなく、980円のように、少し価格が割安になっているように値段を決める方法です。

このような端数を持つ価格は、大台割れ価格とも言われます。端数を含む価格にすることで実際の価格差よりもお得に見えるため、消費者の購買意欲を刺激できます。端数価格法は一般的に使われる方法で、電化製品など様々な商品に適用されています。

この端数価格法と似ているかもしれませんが、皆さんが家電量販店に行って商品をみてみると、２つの異なる価格が表示されていたことがあると思います。それは、定価と小売希望価格というものです。

定価というのは、その言葉通り、定められた価格のことで、日本国中どこで買っても、その商品・サービスは同一価格になります。一方、小売希望価格というのは、メーカーが小売店に対して、この価格で販売してほしいと要望（希望）した価格のことです。

この異なる2つの価格を表示することで、消費者に商品やサービスを販売する際、実際よりも割安であるかのように錯覚させる行為が多発したのです。特に、家電業界では19

80年代に価格競争が激化し、メーカー希望小売価格の30％引きや半額といった店頭価格が示されるなど、二重価格表示が問題視されるようになりました。

その他にも、家電製品の店頭価格について、競合店の平均価格から値引きすると表示しながら、その平均価格を実際よりも高い価格に設定し、そこから値引きを行っていたケースや、メガネ販売店でフレーム＋レンズ一式で「メーカー希望価格の半額」と表示されていたものの、実際にはメーカー希望価格は設定されていなかったケースなどの、不当な二重価格表示が大きな社会問題となったのです。

この問題を重視した消費者庁が、価格表示に関する違反行為の未然防止と適正化を図るため、どのような価格表示が一般消費者に誤認を与え、景品表示法に違反する恐れがあるかについて「不当な価格表示についての景品表示法上の考え方」（価格表示ガイドライン）を2000年に公表して考え方を明らかにし、同一ではない商品の価格を比較対照価格に用いて表示を行う場合や比較対照価格に用いる価格について実際と異なる表示やあいまいな表示を行うような二重価格表示は、不当表示に該当する恐れがあるとする事態にまで発展しました。

抱き合わせ価格法とは、複数の製品やサービスをセット販売する際に付けられた価格で、抱き合わせ販売される場合に用いられる価格のことです。

たとえば、ファストフード店でハンバーガー単品を注文した際に、店員さんから「ご一緒に、ドリンクとポテトはいかがですか?」と言われることがあるでしょう。この場合、セット価格になるので、消費者側はお得感があり、提供者側は損をしているようにも見受けられます。しかし、実際には、単体で販売するよりセットのほうが、結果的に多くの商品を買ってもらえるため、顧客単価は上がり、全体的な利益は増えるという効果が現れるのです。

ただ、これらの価格決定法は、自社の商品・サービスの競争優位性から来る値付けではないため、値決めの主導権があるかといえば、必ずしもそうとは言えません。

❖値決めの主導権はなぜ必要なのか

自立した企業でありたいと思うのであれば、ビジネスモデルを考える上で最も大切なことがあります。それは、自社で「値決めの主導権を持つ」ということです。

商品・サービスの価格を決め、その価格を超えるような価値を生み出し続けることが事業の基本であり、一番の醍醐味である以上、値決めを自社で行うことは、自立した企業としての大原則です。

一方で、値引きをしないと売れないなら、それは自社の商品・サービス力に問題があると言えます。提供する商品・サービスに、その価格にふさわしい魅力的な価値がないということだからです。商品の価値が価格を上回り続ける努力を重ねることなく、お客様に言われるまま値引いていたのでは、会社を永続させることなどできないし、そういった対応を続けていては、いつまでたっても値決めをすることなどできるはずもないのです。

そもそも、なぜ、お客様から会社側が求める金額をもらえるのかといえば、お客様が、商品・サービスの価値が価格に見合う、あるいは、価格以上の価値があると認めてくれているからです。この微妙なお客様との心のやり取りの上に成り立つ値決めは、経営そのものなのです。

自社の商品・サービスが、お客様に対してほかにない価値を生み出しているなかで、自社が値決めの主導権を行使すれば、その商品・サービスに深く満足していただけているお客様には、喜んで適正価格を支払ってもらえるはずです。そして、その適正価格・適正利益の確保ができることが、長期的な安定利益の獲得と企業の永続に大きく影響していくのです。

❖これまでの価格の決め方・決まり方

受注者も発注者も、あるいは売り手も買い手も、程度の差こそあれ、心から納得する価格こそが適正価格と言えます。

しかしながら、現実はというと、受注者や売り手にとっては売上高であり、一方、発注者や買い手にとってはコスト（出費）となるのが、企業間取引や売買取引です。そのため、受注者・売り手は1円でも高く売りたいと思い、逆に、発注者・買い手は1円でも安く買いたいと思うのは当然でしょう。

この結果、双方にとっての、納得できる適正価格の実現は容易なことではありません。多くの場合、最終的には、両者の力関係で決まっているのが実態です。しかしながら、力関係によって日常的に価格が決まってしまうような関係性では、次第に、双方の不平・不満・不信感は増幅していき、その関係は長続きしなくなります。

では、適正価格をどう決めていけばいいのでしょうか。その理想は、その商品やサービスの開発や生産、さらには販売や管理等にかかった費用に、適正な利益をプラスし、算出する方法だと思います。

しかしながら、こうした、単なる積み上げ的な価格設定では、かつての供給不足社会、右肩上がりの時代ならばともかく、今日のように、供給過多社会、右肩下がり時代においては、残念ながら通用しません。

市場やお客様が納得し、受け入れてくれる価格でなければ、いくら「これだけのコストがかかっているんです」と言ったところで、商品価値としてはゼロだからです。ですから、市場やお客様が納得して買ってくれる市場価格をベースに原価計算を行い、適正価格を決めなければなりません。

かつては、「コストのつくりこみ」などと言って、市場価格に合わせるために、「乾いたタオルをさらに絞る」ようなコスト改善努力が行われてきましたが、今日では、無理にそんなことをすれば、最も大切な社員や協力企業の反発を招き、逆効果になってしまいます。もとより、利幅を大幅にカットしたり、研究開発費や人財育成費等、未来経費を計上しない価格設定もナンセンスです。

あるべき適正価格の計算式は、

適正価格＝適正人件費＋適正未来経費＋その他適正経費＋適正利益

だと思います。ここで言う適正人件費も、大企業をはじめとした発注者の人件費アワーレートをベースにしたいのですが、それは、よほど力のある企業の場合です。そのため、せめて地域の就業者の平均である公務員の人件費をベースにすべきです。

　また適正未来経費を含めたのも、より良い関係を保つためには未来への投資が必要であり、それを算入しない限り未来は保証されないからです。そして適正利益も、盤石な経営をしていくために自己資本の充実は当然であり、その投資費用としての利益も価格形成の内訳として評価位置づけなければいけないからです。

❖売り手・買い手がｗｉｎ-ｗｉｎになる価格

　商品・サービスの価格設定は、売り手としても無理がなく、また買い手側も値頃感を覚え、社会が疑問を抱かない適正価格ということを重要視して行うべきです。仮に、価格が提供価値を超えてしまえば、お客様からの信頼を失ってしまいます。一方で、価格を安く設定しすぎると、社員の血と汗と涙を伴った努力を正当に評価できなくなり、社員を、物心ともに幸せにすることができなくなるからです。

　では、売り手・買い手がｗｉｎ-ｗｉｎになる価格とは、どんな価格なのでしょうか。

　ＷＴＰ（willingness to pay）という価格があることをご存じでしょうか。ＷＴＰとは、商品やサービスに対して、お客様が自ら喜んで支払ってくれる価格のことを言います。お客様が「これくらいなら支払ってもいい」と思える金額のことで、商品やサービスの需要を予測する上で重要な要素の1つとなっていて、「支払意思額」とも言われます。

また一方で、WTS（willingness to sell）という言葉もあります。WTSとは、商品やサービスに対して売り手が、この金額なら売ってもいいと感じる金額のことで、「売却意思額」とも言われます。

このWTPとWTSの関係性から、売り手がこの金額なら売りたい。そして買い手がこの金額なら喜んで買いたいという価格設定こそが、win-winになる価格ということが言えるのです。

第3章で紹介する事例をいくつか先取りして、WTP・WTSについてみていきましょう。

東海バネ工業株式会社では、ホームページ上で「この納期でこの価格でよければ仕事をお受けします」とメッセージを発信しています。このメッセージに応諾してくれたお客様の仕事のみ受注しています。そのため、売り手側・買い手側が納得する価格設定ができているのです。

そのきっかけとなったのが、渡辺良機現顧問が社長時代に参加した欧州視察でした。ドイツにある同社と同じ単品特化のばねメーカーを視察したときのこと、質疑応答の際、渡辺社長が「価格はどのように設定していますか」と質問すると、先方は、「原価などに利益を乗せて設定している」と答えました。そこで、さらに「値引きを要求されませんか」と質問をすると、先方は、「値引きして売っているようでは、ばね屋として成り立たない。価格が折り合わなければ断るだけだ」と答えたのです。

その言葉を聞き、同氏は「単品特化のばね屋が値引きしたら消滅する運命しかない」「誰もやらない、やろうとしない仕事は正当に評価されるべきだ」「社員たちが苦労してやり遂げた仕事は、お客様から、金銭的にも正当に評価していただかなければならない。それを、お客様に求めるのは、経営者の一番大切な仕事なのだ」ということに気づいたのです。これがきっかけとなり、同氏は、値決めの主導権を獲得することを決意したのです。

徳武産業株式会社では、カタログに設定された価格でケアシューズを販売しています。同社の十河孝男会長は「1円も値切らずに買っていただけるお客様は本当にありがたい存在です。みんなで心を込めてお礼のメッセージを書きましょう」と、社員に声掛けしています。毎日、お客様から、サンキューレターが50～60通も送られてくることからも、お客様が喜んで購入していることが分かります。

株式会社さくら住宅では、どのような小工事でも嫌な顔をせず、素早く対応してお客様を深く喜ばせています。価格は、同社が決めている適正価格ですが、お客様は喜んで支払ってくれています。社員たちの誠心誠意からの対応に会社として応えるため、社員の必死の努力を認めてもらえないような、値引きを要請してくるお客様はお断りしています。そのため、同社にリフォームを依頼されるお客様は、その提供サービスに納得する価格ということで、喜んで代金を支払っているのです。

また、今回事例として詳しく紹介はしていませんが、東京都府中市に本社を構えるエーワン精密株式会社でも、製造業の3つの基本と言われる「高品質」「短納期」「適正価格」を忠実に守ることで、WTP・WTSを獲得しています。ちなみに、同社が製造販売し、国内シェア60％を有するコレットチャック（工作機械の主軸に装着して材料をつかむ道具）という製品があります。

コレットチャックの形や大きさは、発注者が使用する自動旋盤や加工する対象物の種類と形状によって自動的に決まるため、つくり手が製品に独自性を持たせることができません。また「高品質」についても、発注者を十分に満足させるだけの精度の製品を納めることができる競合も数多く存在していたため、品質での差別化はそれほどできませんでした。

かといって、仕事を得るために「適正価格」より低い金額で受注しても利益は出ません。同社は業界では新規参入組であり、先行企業においそれと太刀打ちできないことは明らかでした。

そこで同社がたどり着いたのが、徹底した「短納期」です。発注企業は一刻も早く完成品を必要としています。このため、他社に勝るとも劣らない「高品質」で、価格も割高でない「適正価格」、なおかつ他社のどこよりも「短納期」を実現できれば、絶対に競争に勝てると、同社の創業者で、現・取締役相談役の梅原克彦氏は確信したのです。

そのために、競合が通常1〜2週間かかるコレットチャックの製造を1〜3日で製造し、その7割を当日発送するといった体制を整備していきます。ここで見逃してはならないのが、単に早ければよいわけではないことです。同社の製品は、品質を含め、お客様のあらゆるニーズを満たした上での短納期であるからこそ、他の追随を許さなかったのです。

同社のWTPに関して、ニデック株式会社（旧日本電産）の永守重信社長が話したエピソードを1つ紹介します。永守氏は、「それは圧倒的な短納期という強みがあるからです。よそが1週間から2週間かかるところ、注文を出したら翌日に届く速さやからね。ウチもたくさんエーワン精密さんから買うてますが、『ちょっと値段まけて』と言いたくても、よう言えへんのですわ（笑）」と話しています。

大企業相手では、その力関係から常にコストダウン要請をされるのが当たり前のなかでのこの大企業トップの発言は、エーワン精密の提供価値が、提示価格よりもお客様の予想・期待をはるかに超えていることの紛れもない証拠です。

ただ、同社でも大幅な値引きを取引先から暗に要求されることがないわけではありません。しかし、梅原氏はその際に「どうぞ、値引きを受け入れてくれるその業者から買ってください」と言っています。それは、品質を維持できる「材料費」、社員の懸命の働きに報いるだけの「給料」、将来のための「設備資金」を賄える価格でなければ、話にならない。商売とは、この最低限の金額に利益を乗せた「適正価格」でするものだと、同氏がそう信じ実行し続けてきたからです。

これらの事例からも分かるように、WTPは、個人によってバラバラなので、すべてのお客様を納得させる最適解の価格設定をすることは難しいと言えます。そのため、自社の商品・サービスに価格以上の価値を感じているお客様に対して、最適な値付けをすることが大切になってくるのです。

❖価格は変えていくもの、変えるべきもの

価格は一旦決めたからといって変更できないという性格のものではなく、より提供価値・付加価値が大きくなった場合や、需要と供給のバランス、そして商品・サービスの導入期、成長期、成熟期、衰退期といったライフサイクルによって、常に見直す必要があります。それは、各ステージによって競争形態が異なり、またお客様の購入態度も変化していき、売り手・買い手がｗｉｎ-ｗｉｎになる価格が変化していくからです。

商品・サービスのライフサイクルごとの価格設定の考え方をみていくと、導入期の価格設定では、競合他社より優位に立つことが目的になります。そのため、商品・サービスのイメージを確立し、その後の普及を左右する意味での価格設定が重要になってきます。導入期の価格設定の方法として代表的なものは、「市場浸透価格設定方式」と「上澄み吸収価格設定方式」があります。取り扱う製品・商品・サービスや業界によって傾向が異なるため、自社の商品・サービスにどちらが適切かを見極める必要があります。

市場浸透価格設定方式とは、導入時から低価格を訴求し、販売数量と市場占有率を短期間で上昇させ利益を確保しようとする方法で、ペネトレーション・プライシングとも言われます。この手法は、販売数量が増加するにつれて商品1単位当たりのコストが下がると

いう仮定に基づいています。そのため、量産しやすい日用品や食品業界に多くみられる手法です。成功すれば、早い時期に市場でのシェアを獲得でき、また利幅が低いため、競合企業の参入意欲を減退させるという効果があります。

しかし、販売数量が増加しても、期待どおりに原価が下がらず、なかなか利益を確保できないという危険性もあり、また参入当初は先行投資がかさむことから、ハイリスク・ハイリターンな戦略でもあるため、その点は注意が必要です。

上澄み吸収価格設定方式とは、新商品・サービスの発売に際し、導入期から価格を比較的高めに設定し、高額所得層や高級品志向者を狙う方法で、価格にあまりこだわらない購買層をまずつかむことによって、市場への浸透を図る価格設定方式です。スキミング・プライスとも言われます。ターゲットとするのが、市場の需要構造全体からみた上位階層（上澄み）に当たることから、上澄み（スキム）という言葉が用いられています。

この方式は、巨額な先行投資を必要とする製品製造で用いられる方法で、製品開発をいち早く行った企業が用いることができます。他社製品との差別化が明確で、市場競争の心配が少なく、価格の高低にニーズが左右されない場合にのみ採用することができ、生産財・産業財など、ＢｔｏＢ製品の価格設定に多くみられる戦略です。

たとえば、スマートフォンやPCなどの電化製品を販売する際、この方式がよく採用されます。具体的には、大々的なマーケティングを行い、非常に高価格ではあるものの、高級品志向者や熱狂的マニアが購入するケースがそれに当たります。

この方式では、単に高価格に設定するだけではなく、初期の高価格設定によって、投下資本を早期に回収でき、販売数量が増加すれば、競合商品と比較しながら、価格を下げて市場占有率を高めていくことができます。

ただ、ターゲットとなる顧客層（上澄み）は限られるため、市場への浸透力が弱く、資本回収に十分な販売数量を確保できないという危険性はあります。

成長期の価格設定では、市場の成長によって競合の新規参入が相次ぎ、市場シェア争いが激化するとともに、生産・販売数量の増加によりコストが低下してくるため、通常、価格は横ばいか低下の傾向になっていきます。

そのため、企業として成長を維持していくためには、原価プラス利益方式を基本に、適切なタイミングでの価格引き下げや新たなマーケティング戦略を検討したり、サービスの付加を検討する必要が出てきます。さらに、成長期の後半には、拡販による利益の追求よりも、製造・販売原価の低減が重要な利益の源泉となっていきます。

成熟期の価格設定では、商品・サービスのコストの低減が限界に達して企業間のコスト差は小さくなります。また市場成長率が鈍化することで、企業間での限りあるパイを巡る奪い合いが発生し、この結果、市場から脱落する企業も出てきます。商品の差別化も困難となってくるため、どうしても価格中心の競争が激化してくることになります。その際の価格設定の考え方は需要を考慮した設定方法となります。

しかし、この時期の競争は、生き残った企業同士の競争となるため、単純な価格設定だけでは不十分になります。安易な安売りを行えば、すぐに限界に達してしまいます。また、一旦、価格を引き下げてしまえば、元に戻すことも難しくなり、お客様が納得する理由がなければ、再値上げはお客様離れを招くことにもつながる危険性があります。

衰退期の価格設定では、需要の低下から、商品・サービスの売上・販売数量は著しく減少していきます。さらに新製品の出現、消費者の嗜好の変化によって、市場シェアも急激に低下します。

この際、市場全体が衰退期にあるのであれば、値下げしても需要の回復が見込めず、衰退の一途を辿ることが明らかなため、採算割れしない程度の価格を維持して在庫を処分していくなど、原則として市場からの撤退も検討する必要があります。

ただ、市場全体が衰退期にあったとしても、多くの企業が撤退した場合、自社は残りの需要（残存者利益）によって生き残ることも可能です。そのため、衰退期には原価を考慮した価格設定で販売して、需要がどのくらいあれば存続していけるかを検討する必要があります。

❖非価格経営ができている企業はどれくらいあるのか

では、非価格経営ができている企業は、実際どれくらいあるのでしょうか。第1章でも簡単に紹介しましたが、筆者も参加し、法政大学大学院元教授で、現・人を大切にする経営学会会長の坂本光司氏と法政大学大学院坂本光司研究室、富国生命グループのフコクしんらい生命株式会社が、「中小企業の非価格経営に関する調査研究委員会」を設置し、2016年に「非価格経営に関する実態調査」を行ったことがあります。

非価格競争の商品・サービスなどを提供している従業員数300人未満の企業から調査対象を抽出し、回答者は、日本国内に在住している年齢が満20歳以上で、非価格競争の商品・サービスに関与している役員または管理職に該当する人物とし、Webによるアンケート調査を実施し、有効回答数836件（回答対象者1000件）を得ました。

まず、「あなたの会社の競争力は価格か、それとも非価格か」と聞いたところ、「大半が価格」と答えた企業が81・1%、「大半が非価格」と答えた企業が18・9%となっていました。

この結果から、多くの企業で価格が競争の源泉になっていることが分かります。確かに、お客様にとって価格が最も目につきやすいのは間違いないことですが、価格を競争力の源泉とすれば、当然、価格競争に巻き込まれ、企業の利益も減少することになります。また、価格を競争の源泉としている場合、自社に価格競争をしようという思いがなくても、必然的に価格競争に巻き込まれていくことになるのです。

❖何が非価格競争になっているのか

次に、非価格競争を実現している企業に対して、「あなたの会社の非価格経営の内容は何か」を複数回答で聞いたところ、最も多かったのが「商品力」(53・7%)、以下、「スピード・小回り力」(44・6%)、「サービス力」(41・9%)、「小ロット対応力」(24・2%)などと続きます。

商品力もスピード・小回り力も小ロット対応力も、常に向上させ続けることが求められる項目だからこそ、競合他社との差別化がより表れやすく、自社の強みになる可能性が極めて高くなる内容だと思います。

ただ、「商品力」「サービス力」の差別化は、なかなか見た目だけでは判断しづらい点もあるため、その伝え方・見せ方を考えなくては、せっかく強みだと思っている非価格経営要素が十分に生かされていないこともあるので注意が必要です。

❖なぜ、非価格経営をしようと思ったのか

「あなたの会社が非価格経営にシフトしたきっかけは何か」を複数回答で聞いたところ、最も多かったのが「値決めのできる経営をしたかった」(25・6％)、以下、「独自製品の開発がきっかけ」(23・8％)、「他社との価格競争の激化」(21・5％)、「ゆとりある経営をしたかった」(20・5％)などと続きます。

この結果からも、価格競争から1日でも早く抜け出し、自社しか持てない独自商品・独自サービスを開発し、自社で値決め・価格決定権を持ち、ゆとりある経営をしたいというのは、多くの企業が夢見る理想の姿であることは間違いないでしょう。

❖非価格商品・サービスの創造・確保にどれだけ時間をかけたのか

企業が非価格経営にシフトしようと思い、実際に非価格商品・サービスを創造・確保するまでに、どれだけの期間を要したのかを聞いたところ、最も多かったのが「5年以上」(36・7%)、以下、「1～2年未満」(24・5%)、「2～3年未満」(20・0%)、「3～4年未満」(13・3%)、「4～5年未満」(5・5%)と続きます。

「5年以上」の回答が最も多かったとはいえ、「1～2年未満」の回答も次に多くなっています。ここには、非価格競争を創造・確保するための仕組み・組織づくりの有無が関わってきていると思います。

常に、企業内に研究開発部門・要員を配置し、非価格商品・サービスの創造・確保に取り組む体制やお客様の声から新たなニーズやウォンツをみつけ出す体制ができている企業では、当然その期間は短くなりますし、逆に、明確な方針なく非価格商品・サービスをゼロから考えていくとなると時間がかかるのも、また当然ということになります。

❖非価格商品・サービスを創造・確保する上で何が大変だったのか

前の質問で、実際に非価格商品・サービスを創造・確保するまでに、どれだけの期間を要したのかを聞きましたが、創造・確保する上で何が大変だったのかを複数回答で聞いたところ、最も多かったのが「技術力・開発力を高めること」（42・5％）、以下、「非価格商品・サービスへの取り組みテーマ設定」（24・2％）、「開発した商品・サービスの販売チャネル」（23・1％）、「非価格に取り組む上での人財不足」（21・4％）などと続きます。

この結果からも、非価格商品・サービスを保有する上での課題は、1つの要因だけではなく、様々な要因が重なり合ってくるということを考え、事前に入念な準備をして課題解決に向けた体制を構築する必要があると言えそうです。

❖非価格商品・サービスを創造・確保できた要因は

多くの時間と様々な課題を克服して創造・確保した非価格製品・サービスが、軌道に乗った要因を複数回答で聞いたところ、最も多かったのが「口コミ効果」（42・2％）、以下、「国内有名企業からの採用実績」（23・9％）、「既存の取引先での採用」（21・2％）、「国内外での展示会への出展」（19・6％）などと続きます。

この結果からも分かる通り、たとえ、どんなに優れた非価格商品・サービスを開発できたとしても、それに気づいてもらえなければ宝の持ち腐れになってしまいます。そういった意味でも、まずは1人のお客様を大切にすることと、自ら国内外の展示会に出展するなどして、少しでも気づいてもらうという行為が重要になると言えそうです。

❖非価格商品・サービスを創造・確保したことで何が起こったのか

非価格商品・サービスを創造・確保したことで、社内に起きた変化について複数回答で聞いたところ、最も多かったのが、「顧客のエリアや顧客層が拡大した」（38・5％）、以下、「利益が増加し、経営が安定した」（33・0％）、「売上高が増加し、経営が安定した」（27・2％）、「競合他社に仕事を奪われるリスクが減少した」（26・9％）などと続きます。

非価格商品・サービスの創造・確保ということもあり、当然、他にはない商品・サービスであるため、業績への貢献は想像以上に大きくなることは間違いなさそうです。また率はそこまで大きくはないものの、「社員の誇り・帰属意識が高まった」（11・7％）という回答もあり、非価格商品・サービスの創造・確保が、単に業績面での貢献のみではなく、様々な効果を発揮することにつながっていくと言えそうです。

❖伊那食品工業は、いかに非価格競争を実現したのか

経営を取り巻く環境は、日々刻々、変化していきます。経営者は、どのような環境下においても、自社の商品・サービスを、世の中から受け入れてもらえるようにしておく必要があります。まして、今のような縮小経済下においては、なおさら重要なことです。新しい商品・サービスを開発したり、現在の商品・サービスを革新し続けなければならないということです。常日頃からそのような準備をしておかないと、会社を永続させることができなくなる事態が突如訪れるのです。

そのためには、今から、将来のお客様が求める価値を生み出すために、研究開発など、継続的に事前準備をしておく必要があります。お金を溜め込んでいるだけではダメなのです。経営の仕組みとして、今期の予算に、数年後に花開くと期待される未来費用や先行投資を、組み込んでおくといいのです。

仮に、今、売上の10％の利益を生み出していたとします。であれば、たとえば、そのうちの5％を、将来のために、今、投資して使う考え方を持ってはどうでしょうか。結果として、利益は5％に下がります。でも、それでいいのです。この5％を投資して使う資金を、「戦略経費・戦略投資」と呼びます。これが、将来の価値を今から創造しておく、会

社を永続させる考え方なのです。

それでは、長野県伊那市で業務用・家庭用寒天の製造・販売を行う伊那食品工業株式会社の事例から、このことをみてみましょう。同社は、寒天を産業財としてその新用途開発に取り組むことを決めました。それまで寒天は相場商品と言われ、価格が安定せず、また用途も限られていて、従来型の寒天事業に限界を感じていました。

当時の社長で、現・最高顧問の塚越寛氏が、もし短期視点の経営者だったら、相場商品の寒天を、たとえば、相場が1万円のときに買い入れ、相場が1万5000円と高くなったところで売り抜ける、相場を睨みながら目先で5千円を儲けるという、利益を目的とした「普通のお金儲け事業」にのめり込んだに違いありません。

ところが、実際には、同氏は全く逆の発想をしていきます。寒天を産業財とするために、まず寒天の価格を安定させなければならないと考えました。そこで、国内の材料だけでは、相場商品から脱却できないため、海外3ヶ所から寒天材料を大量に調達することにしたのです。

その上で、寒天の価格が高くなれば、その寒天材料を市場に大量に供給し、寒天の価格が安くなれば、市場から大量に買い入れることで、寒天の相場価格を安定させます。言い換えれば、寒天の産業財化を目指したのです。それは、産業財にするなら、価格の安定が必須だったからです。そして、「寒天の用途開発」という新たなビジネスモデルを展開することを決めました。

そこで、どうやって新用途開発を行うかを考え、研究開発部門を設置することにしたのです。そこでは「君たちが、世の中の役に立つと考えるなら、どんな商品でもいい。寒天を材料にした開発を許可する」と、開発部門の社員にすべてを任せたのです。

さらに、その本気度を示す意味でも、常に全社員の1割を研究開発に充て続けることにします。つまり、全社員の1割の人件費は、今現在の収益につながらないことを覚悟の上で、未来に投資し続けると決めたのです。

研究開発部門を設置した結果、寒天という素材を使って、継続的に、次々と新しい用途を開発できるようになりました。寒天を材料とする新商品を開発し続け、医薬品やバイオ産業向け製品、介護食などの新しい市場に乗り出すことで、将来に向けても持続可能な成長を得ることに成功しています。

同社では、もともと価格が不安定で相場商品となっていた寒天を、安定的に確保し市場に供給することで、まず価格の安定化に成功しました。そしてさらに、寒天の新用途を次々に開発し、その付加価値を高めることで寒天を産業財化させ、長期にわたる売上・利益を得ることに成功したのです。

経営者は、今だけをみて経営していては不十分です。事業が順調に行っていてもいなくても、収益のなかから余剰をひねり出し、その余剰資金を、将来の価値を創造するための投資に充てるという、長期の視点から経営することの大切さを知るには、同社の事例は最もふさわしいでしょう。

第3章

事例にみる「高くても買われる商品・サービス」

1 万人受けを狙わない

当然ですが、提供したい商品・製品・サービスに対して、会社として買ってほしい・使ってほしい価格を決める必要があります。そこで重要になるのが、それをどんな人に提供するかを具体的に決めるということです。

「特定ターゲットを決めず、すべての人に提供したい」「いい商品・サービスができたから、とにかく多くの人に知ってもらいたい」というのも1つの考えですが、その商品・サービスがよほど万人共通の普遍的価値を持つものであれば別ですが、そのようなケースはまれであり、多くの場合、顧客ターゲットを明確にする必要があります。

すべての層を網羅することによって、当たり前ですが、企業として割ける時間やコストが分散されてしまいます。さらに、多くの人をターゲットにすればするほど特徴のない商品・サービスになってしまい、選ばれにくくなる恐れもあるのです。

多くの企業では、これまで客層を広げようとする傾向があまりにも強すぎて、誰に何を売るかがあいまいなケースが多く、想定したような結果を得ることができないということを繰り返してきたように思います。これまでのヒット商品・ヒットサービスの多くは、最初から万人受けを狙っていたわけではなく、結果としてそうなったものも多いのです。そういう意味でも、まずは、きっかけ・入り口にするためのターゲットをしっかりと決める必要が出てくるのです。

では、ターゲット設定を行うとき、何を基準項目とすればよいのでしょうか。それには、エリア・年齢・性別・年収など様々あります。

自社がこれから展開するエリアに、ターゲットとする年齢・性別・年収の条件に当てはまる人が、どれだけいるのか。もし、そのターゲットが少ないのであれば、どこのエリアであれば条件に合うのかをみていく必要があります。

「20～30代の働く女性の方向け」「40～50代の運動不足の男性の方向け」などといった言葉を聞いたことがあると思いますが、まさにこれがそれに当たるものです。自社の商品・サービスをどんなターゲットに提供することで、どんな価値を提供できるのか。それを設定することで、選ばれる商品・サービスになっていくのです。

どこにどんなターゲットがいるかを調べる際に活用できるのが、国や各都道府県が提供している統計調査です。たとえば、総務省が5年に1度、国内を対象に行っている国勢調査があります。そのなかでは、国内の人口や世帯の家族構成、年齢、職業などが調べられていて、それを利活用することで、性別・年齢別の人口数はもちろん、昼夜間人口なども把握することができます。

そのデータを収集・分析することで、自社が求めるターゲットがいるエリア、自社がターゲットとすべき顧客層をおおよそ導き出すことができるのです。

事例１　木村飲料株式会社

静岡県島田市に、炭酸飲料・果汁飲料の製造・販売、酒類の製造・販売と小売りを行う木村飲料株式会社があります。１９４７年、現社長の木村英文氏の祖父が清涼飲料水の製造を開始したのが始まりです。

同社は、モンドセレクションと呼ばれる国際食品品評会で最高金賞を受賞した高い品質と、意外性とこだわりのあるユニークな商品開発で新たな需要創造に取り組み、次々とヒット商品を生み出し続け、日本国内はもとより世界各国からも高い評価を得ています。

今でこそ、国内外から高い評価を得ている木村飲料ですが、もともとは大手メーカーの下請けとして24時間操業を行う企業でした。しかし、下請けの仕事は、働けど働けど利益は出ず、身も心もぼろぼろになる。その上、機械の故障も増えるという環境に限界を感じ、下請けの打ち切りを決意します。

当然、下請けの仕事がなくなったことで、売上は減少しましたが、その一方で、機械の故障が大幅に減少し、利益が出るようになりました。それだけではなく、これまで下請けの仕事をこなすだけで精一杯だった社内に余裕ができたことで、その時間を新商品開発にかけることができるようになったのです。

そこで、社長は業界の常識を覆す新商品開発に着手します。それまでの業界の常識は、ラムネの語源はレモネードだから、味は当然レモン味。そして業界認識と実績からみても、ラムネは夏にしか売れない、という固定概念がありました。

そんななかで「わさびラムネ」が誕生します。2006年、静岡の地ラムネとして、わさびラムネを開発し販売したのです。しかし発売当時は、あまりにユニークすぎたため、スーパーなどの一般小売店ではほとんど取り扱ってもらえませんでした。

そこで、人が集まるところで認知度を高めようと、静岡県内の高速道路のサービスエリアや物産店等で販売を開始します。すると、静岡らしさや、そのインパクトの強さが観光客に評判となり、次々に販路を拡大していったのです。また、観光客が土産用に購入するなら、冷えていなくても売れるので販売コストがかからないという、思わぬメリットもありました。

結果、普通のラムネが夏を過ぎると売上が大きく減少する傾向にあるなか、わさびラムネは秋・冬を迎えても一定量が売れ続け、年中コンスタントに売れる商品となったのです。

なお、同社の商品は、単に商品を売り場に並べているだけではなく、販売先における商品の販売面積を広げるため、「55（ゴーゴー）キャンペーン」と「2525（ニコニコ）キャンペーン」を展開しています。「55キャンペーン」は、55種類以上取り扱ってくれる店舗に対して、販促に必要な備品等を同社が用意するというキャンペーン支援。そして「2525キャンペーン」は、25種類以上の商品を取り扱ってくれる店舗に対して、季節に応じた商品ラインナップのコーディネートを提案するというものです。

社長は、わさびラムネをヒントに、年間を通して売れるラムネ開発をさらに進めていきます。その際のキーワードが、限られたところでしか手に入らない面白い商品・地場産品でした。そのキーワードをもとに誕生したのが、「カレーラムネ」です。もともと社長がカレー好きだったということもありますが、カレーは国民食と言われるように、ファンも多く、期待できると考えたのです。

しかし、実際に試作品をつくってみると、社員のほぼ全員が「まずい」、営業パーソンも「絶対に売れない」と大反対でした。ここまで反対意見が多いと商品化は難しいと普通なら考えるところですが、社長だけは、「これだけのインパクトがあるならいける。喉を潤すだけが清涼飲料水ではない」「カレーラムネが新種のコミュニケーション・ツールになる」と確信したのです。

実際に、カレーラムネが販売されると、テレビを始め、インターネットやブログなどでも数多く取り上げられ、口コミで噂が広まります。通常10万本がヒットの目安のところを、発売以来300万本以上を売り上げる大ヒット商品となりました。

今では、静岡の名産品であるお茶やみかん、富士山の湧水、うなぎ、桜エキスや、近隣県で採れるフレッシュなフルーツを使ったもの、メロンパンやカレーパンなど、バリエーションを豊かな地サイダーや地ラムネが次々に開発されるまでになっています。

なお当初は、社長が新商品のアイデアをすべて考えていましたが、現在では、社員からも多くのアイデアが出てくるようになっています。そこで社長が大事にしているのは、社員のアイデアを潰さないこと。そのため、同社では販売目標は1万本（20本入り500ケース）に設定して、新商品をとりあえず出してみるようにしています。

社長は「大手メーカーなら、生産ラインの効率などを考えれば小さい数字かもしれませんが、当社がターゲットとする2％のお客様を相手にすることを考えれば、1万本でよい。売れたら増産する、売れ行きが悪ければすぐに撤退する。1万本なら、やめても致命傷にならない」「かつての最小ロットは10万本でしたから、売れなかったら資材も含めて全部ゴミになっていました。目標が1万本だったら、社員のアイデアが次々に出てきても、とりあえず出していける」と言います。

社長が、この常識の逆を行く理由は、「これからの中小企業が成功する要因は大手企業とは正反対のことをすること。大手とは180度反対のへそ曲がり戦略・へそ曲がり商品」だと言い、「100人中98人をターゲットにする商品は大手企業に任せて、中小企業は残りの2人をターゲットにしていけばよい」という考えを持っているからです。

昭和初期には全国に2300社ものサイダー会社が存在していましたが、現在は約30社まで減少し、またコロナ禍において地域のイベントやお祭りが中止となったことで、ラムネの需要が減少するなど、業界動向は厳しい状況にあると言わざるを得ません。

そんななかで同社は、品質方針にもある「飲料に楽しさを」を全社員で共有しながら、地元の特産品を使い、静岡に特化した飲み物を静岡に訪れる観光客にお土産買いしてもらうことを通じて、安定した売上と、顧客から高い評価を得ているのです。

事例2　三和建設株式会社

大阪府大阪市に、建設工事から企画・設計・コンサルティングまで行う三和建設株式会社という中堅ゼネコンがあります。

同社は、1947年5月、当時、株式会社鹿島組の常務取締役だった森本多三郎氏が「安定した地位に甘んじるよりは、男一匹好きなことを思いっきりやってみたい。その成果を後世に伝えたい」と、三和木材工業を創立したのが始まりです。以来、同社は、「お客様にとって、使える建物を提供する」というミッションのもと、創業以来70年以上にわたって工場・倉庫の設計・施工などに従事し、お客様から高い評価を得てきました。

では、なぜ同社は、これほどまでに高い支持を得ることができたのでしょうか。それは、2008年に4代目社長に就任した森本尚孝社長が行ってきた数々の改革によるところが大きいと思います。

尚孝氏が行った改革の1つ目が、やることとの明確化です。同氏は三和建設を、ゼネコンらしくない会社と言い、「何でもできるのは、何もできないのと一緒」という考え方から、ゼネコンながら自社ブランドを持って、やること・自社のポジショニングを明確化していきます。同社に限らず、建設会社は経常利益が10％を超える会社はあまりなく、他業界に比べて利益率が低いのが現状です。

その1つ目の理由は、日本全体として社会資本整備が進み、建設投資が減少しているためです。事実、1992年の年間84兆円をピークに、2019年は震災復興費や防災復興対策費を含めても年間62兆円と約27％減少しています。

2つ目の理由は、受注決定が価格中心に行われているためです。発注側は、多額の費用がかかる建設工事を1社だけの提案で決めるのはリスクがあるため、複数の建設会社から提案を受けて比較する相見積もりで発注します。また、各社共、総合建設業として、間口広く、特に分野を絞らずに受注活動を行っているため、各社の提案の違いが分からず、結果として価格競争になってしまっているのです。

3つ目の理由は、業務がフロービジネスであるということです。建設業は、典型的な受注ビジネスであり、毎月決まった定期収益は入りません。仮に、今年は多く受注ができても、来年も同様に受注できる保証はないのです。それゆえ、仕事の先行きがみえないと無理な受注に走る建設会社も出てくるのです。

そして4つ目の理由は、仕事を際限なく取ることができないということです。社内外にいる人材の質・量に売上が制約されるため、商社や小売業のように、売れば売るほど、損益分岐点が上がっていくわけではありません。

この4つの理由から、建設会社は価格競争からなかなか逃れることができず、建設業の利益率は低水準に推移しているのです。

同社が、そのなかで持つ自社ブランドの1つが、食品工場に関わるトータルソリューションブランド「FACTAS」(ファクタス)。ファクトリー(工場)に価値を足すという意味をこめ、お客様のニーズに合わせた完全オーダーメイドの食品工場・食品関連施設を提供し、あらゆる食品工場の課題を解決することで、お客様の食品事業の付加価値向上に貢献しています。

なぜ、同社が食品工場に特化しているかですが、1950年に後の壽屋(サントリーホールディングス株式会社)常務となる岡本定一氏が、親しかった森本多三郎氏に壽屋を紹介され、工場の戦後復興を手伝ったことがきっかけです。1951年にサントリー山崎蒸溜所の施工を手掛けると、その後もサントリー食品工業・宇治川工場の施工も手掛けるなど、同社には長年にわたる数多くの食品工場の設計・施工の蓄積があったのです。

なお、同社は単に工場を施工することを目的としていません。工場を施工する際に重視するのが、お客様の事業成功に貢献することです。尚孝氏は「施工物は作品ではありません。作品という言葉は、つくり手目線や提供サイドの独りよがりです。建物の主役はあくまで施主であって、つくり手ではありません。私たちは施主の理念や想いに従うのみです。見た目の派手さやユニークさではなく、お客様の想いの実現に貢献し、使える建物づくりに集中します。当社は使う人・お客様にとっての価値を生み出す機能的な建物を追求する存在でありたいと考えます。見た目は、建築を志す者の入り口として大切ですが、それだけではそのときだけの満足に終わります。お客様にとって目的に適った建物、価値を生む建物をつくるほうが、長期的な満足、深い感謝につながります」と話します。

同社は、前述した通り、やること・自社のポジショニングの明確化を進めています。それは、逆に言えば、「やらないこと」が数多く存在するということです。同社では、「建物を直接使う人にしか建てない」「下請け工事はやらない」、さらには「価格勝負はしない」など、やらないことも明確化しているのです。

下請け工事を行えば、当然、発注先の都合で無理難題を言われることもあるでしょうし、また仕事欲しさに価格競争に走ったなら、本来の価値に見合わない工事を行うことになり、誰も幸せにはならないことを分かっているので、それをやらないことで、同社は価格競争からいち早く手を引き、徹底的に他社と差別化されたブランド戦略を取っているのです。

同社は事業対象を、継続して需要が見込め、設計・施工の難易度による参入障壁があり、自社にノウハウが蓄積されていて、優位性のあるもの、に絞っています。その事業において、この分野なら三和建設に頼もうと、常にお客様から第一に指名される企業となっているため、値引きする・されることのない適正価格を手に入れることに成功したのです。それは、同社の食品関連工事比率が40・6％という数字からもみてとることができます（2022年4月期請負金額ベース）。

尚孝氏が行った改革の2つ目が、ひとづくり。2013年に経営理念を「つくるひとをつくる」と定めました。

「大手ゼネコンとの厳しい競争にさらされている都市部の中小ゼネコンにとって、自前で人材を育成できるかどうかは死活問題だ。特に食品工場やマンションといった民間建築の設計・施工を強みとしている当社は、公共工事のように発注者の注文を忠実に再現する仕事は求められていない。顧客の多種多様なニーズに応えつつ、常に期待を上回るアイデアや新しさを提供し続けなければ生き残れない。そのための技術やノウハウは一朝一夕には身に着かないのが現実だ。競争に勝つためには、社員が能力を十分に発揮できる環境を整備しなければならない」「建物をつくるのは『ひと』。だからこそ、お客様の潜在ニーズを引き出し、それを形にできるような提案力や専門能力、人間力のある人材を育成できるよう力を注いでいます。工場などの建て替えは、何十年ごとといった長いスパンになります。だからこそ、お客様に信頼され、長いお付き合いができる人材が必要なのです」と話します。

その実現のために行ったことの1つが、社内大学「SANWAアカデミー」です。この講座の特徴は、講師を社内の先輩社員が務めることです。講義内容も、それぞれが現場で磨いた技術や経験をもとにレクチャーをする講義と、理念や共有すべき方針など、組織のなかでの人間力を高めるもので構成されています。なお、講師になるには、ある一定の経験年数や資格が必要となります。

社員が講師になることで、講座内で学ぶことが実務と直結するようになります。それは現場でみてきたこと、現場で起こりうる事例を知る講師が講義を行うからこそです。受講後、学んだ内容を実践で即生かすことができ、また講師になる社員も、分かりやすく教えるために、自らの業務を振り返ることにもつながっています。

同社は、つくるひとをつくり、つくり手側の目線ではなく、お客様にとって目的に適った建物、価値を生む建物を提供し続けることで高い評価を得ているのです。

事例3　池島フーズ株式会社

日本有数の茶産地静岡県掛川市に、とりわけ茶そばにはこだわりを持ち、麺類の製造・卸を行っている池島フーズ株式会社があります。

「めん類」を大別すると、「生めん」「乾めん」「即席めん」「マカロニ類」に分類されます。それぞれの市場は成熟化していて、製品の多様化・高付加価値化の競争が激化しています。それゆえ、製品開発力が企業の優劣を決する大きな要因となっています。

また、企業規模との相関をみると、「生めん」「乾めん」は小規模事業者が多く、それに対して、「即席めん」「マカロニ類」は規模の大きな事業者が多くなっています。これは、「即席めん」「マカロニ類」が大手のナショナルブランドで占められ、「生めん」「乾めん」が地域の名産・伝統的商品を生産している比較的小規模な事業者によることからも推察できます。

同社は1877年創業で、145余年の歴史を誇る老舗企業です。創業当時は、米穀の販売を行っていて、戦後の食糧難時代に、そうめん・冷麦等の麺製造を始めました。現在は、乾麺が100％で、プロの調理人たちから高く支持される茶そばは、有名ホテルや機内食、高級旅館、割烹・料亭などで使用され、そのシェアは50％を超えています。その販売先は、国内のみならず、海外も20ヶ国以上に輸出を行っています。

しかし、同社の麺づくりは決して順風満帆ではなく、これまでに2度の大きな方向転換を余儀なくされています。1度目は1961年当時、売上の80％を占めていた即席麺製造からの撤退。そして2度目は1980年のゆで麺製造からの撤退です。いずれの方針転換も、大手企業が参入したため、価格競争に巻き込まれたことが大きな要因です。

その経験が、大手とは戦わない、価格競争はしない、他と同じものはつくらない、という明確な経営の意思表示をすることにつながっています。その反省から目を付けたのが、国内有数のお茶どころ、静岡県産の抹茶を使ったブランド力が生かせる茶そばでした。

同社が調べた文献によると、江戸時代、日本そばに挽き茶をかけた茶そばが、一般のそばの8倍近い120文という破格に高い値段で売られていたことを知りました。当時のこのアイデアに着目し、茶そばの製造に取り組んでいきました。

また、当時の乾麺といえば、定番の品種で決まり切った食べ方が踏襲されていて、価格も大きな変動はなく、スーパーなどでは束で安売りされるサービス品の対象とされ、収益性の低い商品となっていました。

こうした時代を背景に、企業存続には訴求力ある商品が求められ、差別化製品として着目されたのが茶そばだったのです。

池島義幸会長は「川の右岸では価格競争という熾烈な争いをしていたが、目を左岸に向けると、競争相手のいない茶そばがあった」と話します。茶そばのメーカーは数社しかなく、市場規模は小さいものの、顧客となる料亭やホテルの調理人は、価格より品質を重視してくれていて、そこはまさに同社が求めた市場だったのです。

同社がここまで成長した理由はいくつかあります。商品を茶そばに絞り、またそのターゲットを料亭やホテルの一流調理人と決め、全国の調理人たちと年間150回ほど会合を持って、調理人の要望・感想や意見を直接聞いて製品の改良に取り組んでいることが、その1つです。

さらに、商品づくりへのこだわりも徹底しています。まず生地の段階での熟成に、一般的には30分~1時間のところを6時間かけています。またその生地からつくられた麺も通常は5時間ほどで熱風乾燥させるところ、丸2日かけて自然乾燥させ、抹茶の風味が逃げないようにしています。さらに完成した麺は、すぐには出荷せず、温度調整された倉庫で約1ヶ月寝かせておく。そうすることで、一層の熟成が進み、麺にコシが出るようになる。手打ちと同等のおいしさを出すために、手間隙かけた生産に徹底的にこだわっているのです。

同社は、競合がいない市場で戦うという位置取りと、一流の調理人の声に耳を傾けた要望を反映したこだわりの製品・一流調理人御指名の茶そばというブランドをつくることで、他とは差別化したナンバーワン商品の開発に成功し、高い評価を得ているのです。

2 顧客ではなく、ファンをつくる

マネジメントの父と称される経営学者のピーター・F・ドラッカーは、企業の目的は「顧客を創造することである」と定義しています。

ドラッカーが定義した「顧客の創造」では、「我々は何を売りたいかではなく、顧客は何を買いたいかを問う」「顧客が価値があると感じ、必要とし、求める満足こそが、製品・サービスである」と言っています(1)。

「顧客の創造」ということを考えた場合、最初は全くその商品・サービスの情報・知識を持っていない顧客に気づいてもらわなければならないため、一見客をいかに集めるか、一見客にいかに気づいてもらえるかを考えていかなければなりません。ただ、企業が永続的に成長・発展していくためには、どこかのタイミングで、その顧客に自社のファンになってもらう必要があります。

仮に、一見客を数多く創造できたとして、次の機会に、顧客が価値があると感じ、必要とし、求める満足を提供できなかったら、その顧客とは一見客の関係のままで終わってしまうことになるからです。

たとえば、顧客がたまたまお腹がすいていたという理由だけで入った飲食店で、よほど価値や満足を感じれば再来店するかもしれませんが、選ばれた理由が、その店でなければ実現しない価値でない限り、次に選んでもらうことは至難の業だと思います。

現代は、単に味がおいしい・このサービスは便利だという理由だけで、顧客から選ばれる時代ではなくなっています。市場が物的に満たされているなかでは、人々の関心が、モノからコトへと変化をしていっているのです。というのも、物的に満たされた人々は、その消費をモノではなく、より高次の欲求である五感に訴えるような財に向けるのは自然な流れだからです。

前述したように、一定以上に満たされた人たちに、新たな需要を創造し続けていくのは難しいと思われます。様々な新商品や新サービス、既存商品・サービスのモデルチェンジなどが、毎日のように繰り返されていますが、なかなか新たな需要を喚起するほどのものが生まれていないのが実情です。

では、新たな需要が生まれにくくなった社会で、価値を認めてもらう商品・サービスを提供していくためには、何が必要になるのでしょうか。現代は、物的成熟化時代に突入しており、モノはもう入り込む余地がないほど満たされています。また人の志向もモノからコトへと移り変わっているなかで、モノを提供し続けることは難しく、求められるものが変わっていることを強く認識する必要があります。

また、ニーズの多様化という点も考えなければいけないと思います。高度経済成長時代の日本では、多くの人が車や家を持ちたいという共通したニーズの対象がありました。それが、今や車を保有しない、興味すらないといった車離れ社会。持ち家にもこだわらない、極端に言えば、その日どこに帰るかも決めていないといった考えも出てくるなど、大多数の意見というものがなくなりつつあるのです。

人とは違った商品を持ちたい、個性的な生活をしたいというニーズの多様化・価値観の変化が発生していることも、画一的商品・サービスによる需要を掘り起こせない要因だと思います。このように需要を追いかけることが難しくなるなかで、重要になるのは、一見客をファンにするということです。

先日、ネットニュースでも取り上げられていましたが、元サッカー日本代表の本田圭佑氏が、「ラーメン屋。あの美味さで730円は安すぎる。もうちょっと値上げするべき。ってか色んな業界がもう少し値上げするべき。高すぎるか安すぎるかの両極になり過ぎ。次ラーメン食うときは2000円支払います。必ず」と発言をし、様々な議論が巻き起こっています。

「本田さんは金銭的に余裕があるからそれが言える。自分達みたいな一般ピーポには700円台だって高いと思ってる。それがわかってるラーメン屋さんが今の値段設定にしてくれてる。まず目線が違うと思いますよ」という意見も当然ありました。

その逆の考えも当然あって、「もうホントにこの通りで、安すぎるラーメン屋さんは値上げしていいと思う。本当に好きで来てくれてる人は高くなっても来ると思うし、高すぎるって文句言う人は残念だけどもう顧客じゃない。それより飲食店がたちいかなくなって撤退されるほうが何倍も悲しい！」という意見もありました。

どちらの側に立つかで、当然、意見は変わってきますが、「1．万人受けを狙わない」でも書いたように、すべての顧客を満足させることはできません。そうであるならば、自社の商品・サービスに満足してくれる、価値を感じてくれている顧客にファンになってもらうことを企業としては目指したほうがよいと思います。

ラーメンを２０００円にするかは別にして、たとえば、1日5万円の売上を稼ごうとした場合、1杯７００円で販売した場合は、72杯を提供する必要があります。一方、そのお店のラーメンの味に満足・価値を感じてくれている顧客に対し、1杯２０００円で販売した場合は25杯を提供すれば目標に達することになります。このように、提供側と顧客が互いにｗｉｎ-ｗｉｎになる関係を構築することが重要になってくるのです。

２０２２年から引き続き、数多くの食料品・サービスが、原材料価格や物流費の高騰などの影響で、商品価格の値上げや内容量を減らすなどして価格を維持する実質値上げの対応を取っています。

この場合も、前述したラーメンの価格と同様に、すんなり値上げを受け入れられる企業と受け入れられず反発に遭う企業に分かれています。では、そこにはどういう違いがあるのでしょうか。それが顧客をファンにしているか否かということだと思います。

今回の商品価格の値上げのなかで気になったのは、第1章でも触れた「シュリンクフレーション」「ステルス値上げ」といった動きです。消費者が知らない間にこれまでの内容量や数量をこっそり減らして、実質値上げをしているケースや、値段やパッケージが変わらないまま、サイズだけが小さくなって、一見すると何も変わっていないように見誤ってしまう方法です。

次に紹介する4つの事例は、そんな環境下で全く異なる印象を与えてくれるはずです。

事例1 有楽製菓株式会社

東京都小平市に、菓子製造販売を行う有楽製菓株式会社があります。同社の主力商品は、チョコレート菓子の「ブラックサンダー」で、多くの方が一度は食べたり、見かけたりしたことがある商品だと思います。

その商品が、2023年3月20日発売分から価格改定されることになりました。その内容は、参考小売価格1個30円（税別）から35円に値上げされるというもので、原材料・包装資材の価格高騰や物流コストの上昇などを理由として、1994年の発売以来、初めての値上げとなりました。

もともとが30円という驚異的な安さということもありますが、今回の値上げに対して、同社の顧客からは「今までよく頑張った」「値上げしてもこれからもお世話になります」「お値段据え置きでサイズが小さくなるよりはいい」といった、好意的な反応が多く寄せられたのです。

正直、ブラックサンダーに似たような同種の商品はたくさんあるように思います。単に安いチョコレート菓子を食べたいだけなら選択肢は他にもあるはずです。それでも、顧客が離れず、値上げに肯定的なのは、長年にわたる企業努力と顧客との信頼関係の賜物でしょう。

そして、顧客のなかでブラックサンダーは単なるお菓子ではなく、自分自身の人生の思い出を彩る、切っても切れないものとなっているのです。その方たちにとっては、ブラックサンダーでなくてはいけなくなっていたのです。つまり、長年にわたって、単なる顧客ではない、「ファン」を創り上げてきた結果なのです。

事例２　株式会社エコ建築考房

愛知県一宮市に、新築・増改築・リフォーム、そして薪ストーブの販売・施工を行う株式会社エコ建築考房があります。

同社も、顧客ではなくファンをつくるという経営において、極めて優れた企業です。というのも、実際に家を建てた顧客（施主）が同社の社員となることが珍しくなく、その割合は、現社員の約2割に及んでいます。それに加え、知人や社員からの紹介、そして家族からの紹介で入社している社員も約6割いるのです。

そのため、同社の建てる住宅の住み心地の良さを誰よりも分かっており、また自身が顧客として体感した同社社員・職人の対応や人柄も分かっているため、両方の目線を持っていることが最大の強みとなっているのです。

実際に、同社で家を建てた社員は、次のように話しています。

「エコ建築考房の家に暮らしています。毎朝、窓から入る朝陽が暖かく、木の香りを感じる我が家が大好きです。完成までに出会ったすべての方々の人柄にも惹かれ、こんないい会社で働けたらなぁ、と念願かなってエコ建築考房の一員となりました。スタッフ皆エコ建築考房の家が大好きで、妥協なく働く姿がかっこよく、家も職場も居心地が良いです。自宅の住まいづくりの経験も生かしながら、笑顔で健康に安心して暮らせるエコ建築考房の家を沢山の方にお伝えできればと思っています」

「エコ建築考房で家を建てました。日増しに素材の味が出て、好きな部分が増えていきます。家づくりをしたお客様目線で、自慢の我が家のこともご紹介できたら幸いです」

「2012年からエコ建築の家に住んで、日々、自然素材住宅の心地よさを実感しています。庭の木々や近所ののら猫、鳥、昆虫までも居心地がよさそうで、つい庭を眺めてはぼーっとしています。当たり前のしあわせがこの家にはあるのだなと感じています」

さらに、知人や社員の紹介で入社した社員も、次のように話しています。

「友人の紹介でご縁がありエコ建築で働かせていただくことになりました。客として初めて神宮の展示場に来場した際に木の匂いに魅了され、自然の力に感動したのを覚えています。この家の良さを1人でも多くの方に知っていただき、家づくりのお手伝いをさせていただければと思っております」

「友人の紹介でエコ建築考房と出会いました。エコ建築考房は、真に住み良い家を追求し、素材に拘った真っ直ぐな会社です。スタッフ1人ひとりが会社の理念を深く理解し、拘りと誇りを持ち、丁寧に細やかな気配りで仕事に取り組んでいます。私はそんな姿勢に強く惹かれました。念願叶い、スタッフの一員となることができました。今、遣り甲斐を感じて日々のお仕事をさせていただいています」

「以前は別の工務店で20年間現場監督をしていました。無垢材の良さを分かりつつも、場合によって新建材を使用しなければいけないことに疑問を持つ中で、エコ建築考房で仕事をしていらっしゃった業者さん数人から良い会社だよと紹介されていました。社員の皆が、造っているものに誇りを持って笑顔で仕事をしていたので、一緒に働きたいと思うようになりました」

これらの発言を聞くだけでも、同社がいかに顧客をファンにしているかがよく分かります。では、なぜ同社はここまで顧客の心をつかむことができたのでしょうか。

同社は、現取締役顧問の高間利雄氏が1998年に創業しています。高間氏はもともとある住宅メーカーで注文住宅の営業をしていて、時代は高度経済成長の真っ只中ということもあり、営業成績も伸び、お客様のこの先の人生を一緒に真剣に考えることができる、この仕事に最高の喜びを感じていました。

しかし、あるとき、お客様から「新築の家に住みだしてから頭痛がする」と言われたのです。調べてみると、新建材に含まれる接着剤や化学薬品が人体に影響を及ぼすことが分かり、高間氏はそのことに唖然とし、勤めていた会社を辞め、「少なくとも、私が建てる住宅で害することは絶対にあってはならない」と、エコ建築考房を創業しました。現在では、岐阜市や西尾張や名古屋市内を中心に年間30棟ほどの注文住宅を手掛け、お客様からは健康・安全・安心な住宅だという高い評価を得ています。

同社がこれほどの支持を得ることに成功した理由の1つ目は、やることとやらないことをはっきりと決めたことです。

同社がやると決めていることは、①自然の素材を利用した家づくりのみ、②一級建築士と元お客様を中心とした接客、③価格より価値で選ばれる家づくり、④商圏は本社から車で1時間以内、⑤自社で設計・施工・アフターメンテナンス、⑥注文住宅とリフォームに特化、です。

逆に、やらないと決めていることは、①住宅商品ラインナップなし、②営業マンなし、③値引きなし・相見積もりなし、④エリアは広げない、⑤設計事務所からの施工依頼の仕事はしない、⑥分譲住宅・土地の販売はしない、です。

やることの1つに挙がっている自然の素材を利用した家づくりについて少し補足します。日本の一般的な住宅は、湿気を通さないビニールクロス・カラーフロアーといった新建材でつくられたものが多くなっています。新建材でつくられた室内は、接着剤や合板から揮発する化学物質の臭いがビニールクロスに閉じ込められ淀んだ空気になってしまうため、室内環境を良くするためには、湿気を通すことが必要不可欠になります。

目に見える壁の表面にだけ湿気を通す素材を使用しても、壁のどこかに湿気を通さない素材が使用されていれば、そこで結露が発生してしまいます。

また室内では、化学物質が充満しないよう、24時間換気扇を動かし続けないと安全に暮らせない、そんな暮らしが、日本の一般的な住宅の現状なのです。

そこで同社は、素材と素材の特徴を生かした住まいづくりに強くこだわり、湿気を通す素材であること。素材に含まれている成分の安全性が確認できること。この2つを大切にしています。同社が使用する木材はすべて国産、かつ東濃ひのきや長良杉といった産地がはっきりした木材を使用していて、その乾燥方法にもこだわり、骨組みには天然乾燥材を使用し、腐りにくく粘り強い丈夫な骨格をつくっています。

さらに、そのことをより感じてもらうために、木の家が健康に与える影響を有名大学と共同調査したり、ショールームでは、同社の住宅と一般住宅の比較もできる実験棟を設け、その違い・価値の「見える化」にも取り組んでいるのです。

同社がこれほどの支持を得ることに成功した理由の2つ目は、加工体制です。エコ建築考房は2010年に岐阜県岐阜市長良に建設した自社工場で木材の加工を行っています。

そこでは同社専属の熟練大工が要所要所で手作業による微調整を行い、家の敷居、鴨居、階段といった造作材の他、屋根材も仕上げています。大工自らが担当する家の造作材を加工することで、1棟1棟責任を持って家づくりを行うという意識が植え付けられているのです。

ハウスメーカーに関する情報をまとめた調査によると、坪単価の平均相場は約80万円と言われています。そんななか、エコ建築考房の坪単価は70〜100万円と、決して安い部類ではないのです。それでも同社が選ばれているのは、多くの社員が元顧客だからこそ分かる国産無垢材と自然素材にこだわった、本当に住みたい健康・安全・安心な住宅の提供をしているからなのです。

事例3　メーカーズシャツ鎌倉株式会社

神奈川県鎌倉市に、ビジネスウェアの企画・製造・販売を行うメーカーズシャツ鎌倉株式会社があります。

同社が創業して間もない頃、シャツを購入した顧客から届いた手紙に書かれていた「どうかつぶれないでください。なかなかこんなお店はありません…」の一文だけで、同社が顧客をファンにしているのがよく分かります。

同じく、同社でシャツを購入した顧客に話を聞くと、「こんないいものがあったなんて。今まで何だったんだろうと思いました…」「今までは百貨店で高いセミオーダーのシャツを買っていました。今回、鎌倉シャツに出逢って、試しに買って主人に着せてみたら、すごくおしゃれだし、保ちもいいし、スタイルも縫製も全部いいものですから、もう大ファンになってしまったんです」と話し、今では、ご主人に買うだけではなく、周りの仲間に紹介したり、お婿さんにもプレゼントしていると言います。

さらに続けて、「たまたま、あるテレビ番組で知って、経営者がとても立派な方だと思ったんです」「お客様を大切にされているところが素敵だなと思って、ちょうど、丸の内のお店に立ち寄る機会があったので覗いてみたんです。そうしたら、スタッフの皆さんも素敵で、親身になってくださるから、気づけば主人を無理やり引っ張っていっていました」と話します。

また別のある顧客は、「親しくしている友人からの紹介で知り、買い始めてからもう20年くらいになると思いますよ」「それまでは百貨店でオーダーシャツをつくっていたんですが、当時『こっちのほうが安くていいよ』と、知人に紹介してもらったんです。『僕も鎌倉シャツにしたんだ』と言うので、その知人が言うなら間違いないと買ってみたんですよ。そうしたら、オーダーシャツと比べてもあまり変わらないですし、これがなかなかいいんですよ」「大体、値段がこれまでの3分の1以下だし、あれこれ言わなくても自分の好きなシャツを選べるじゃないですか。それと、自分の体形にピッタリと合ったサイズがあるので、これまで着ていたオーダーシャツと同じようにピッタリ合うんです。だから別に直してもらう必要も全然ないので、そこから病みつきになりました」と話します。

ビジネスシャツの価格帯は1着1000円以下から数万円までと幅広くなっています。全体の6～7割は1000円～3000円台で平均価格は2500円程度です。一方、1万円を超えるシャツユーザーは、サイズがピッタリと合うオーダーシャツを求める顧客層で、全体に占めるその割合はわずか10％と、市場はこれまで二極化していました。

そこに、同社がオーダーシャツと同等以上の品質のシャツを1枚4900円（創業当時の価格。現在は1枚6940円（税込み）～）で販売をしたのです。そのため、それまでオーダーシャツを求めていた顧客は同社のシャツに乗り換え、また2500円のシャツを着ていた顧客も、オーダーシャツは高くてとても手を出せなかったけど、4900円で高品質のシャツが買えるならと、同社のシャツを購入するようになったことで、二極化していた市場に新たな市場を生み出したのです。

顧客たちの発言を聞くだけでも、同社がいかに彼らをファンにしているかがよく分かります。では、なぜメーカーズシャツ鎌倉はここまで顧客の心をつかむことができたのでしょうか。

同社がこれほどの支持を得ることに成功した理由の1つ目は、顧客も話していたように、あれこれ言わなくても自分の好きなサイズのシャツを選べるという点です。これまでオーダーシャツを購入していた顧客からしてみれば、採寸することなく、また細かな直しを入れることなく、オーダーシャツと同等の自分の体形にピッタリ合ったサイズのシャツを選ぶことができるのだから、満足度は高くなって当然なのです。

ただ、今でこそ幅広いサイズのシャツを用意している同社ではありますが、創業当初からそうだったわけではありません。それは、お客様との接客サービスのなかから、そのニーズを汲み取り、定型化させていった結果なのです。

創業者の貞末良雄氏は以前、こう話していました。

「身長が高い・低い、手が長い・短い、首が太い・細いといった理由で、不自由な思いをされている、嫌々ながら気に入らないシャツを着ているというのを聞いたら、『それは何とかしなきゃならないね』という気持ちは常にありますよ」「手が長いというのは生まれつきですよね。その人を責めるわけにはいかないですよ。背の高い人とかね、手の長い人というのは、これは別にその人のせいでもないわけですから、何とかしたいね。そういうことをやることが、海外進出したときの、外人さんのサイズに我々がアプローチできるということにもつながるわけですから。それは、やってきましたね」「最初のうちは、特定のお店にしか置かないとか、ネットだけでやっているとかっていうのがあって。それでも、結構ニーズがあるんだと分かったら、全店に目配りしていったという流れですよ」

同社が、豊富なサイズを揃える上で重要になるのが、毎日、全店舗から上がってくる「売上日報」です。そこには「今日お店に手の長いお客様が来店したが販売できなかった」「外国人のお客様が来店したが販売できなかった」というデータが記載されています。それらをすべてチェックして、そこから対応できなかったお客様のニーズを汲み取り、その不自由を解消させていったのです。

また同社では、売り場は単にモノ（シャツ）を売るところではなく、サービスを売るところだという考えが徹底されています。サービスを売るとは、具体的にどういうことかと言えば、顧客の欲望を満たし、接客対応すること。すなわち、顧客に心の満足を実感させることで、購買してもらい、そして心の底から喜んでもらった結果として、信頼を獲得するということです。

同社では、こうした考え方の下、社員自身が接客・顧客について考えるようになり、顧客の心の満足を得ようと一生懸命に接客するうちに、自然に「ありがとう」と言われるようになっていきます。これが社員のやる気を増幅させ、そこで、またさらに顧客にいい接客サービスを提供するようになっていきます。こうした善の循環が続くことで、顧客が同社のファンになっていくのです。

一般的に、売場のスタッフというのは、どちらかといえば、地位の低い仕事と見られがちです。しかし同社では、売場のスタッフはお客様から感謝され続け、素晴らしい人生を歩むことができる誇らしい職業だという考えが組織風土として根付いていています。だからこそメーカーズシャツ鎌倉の社員はここまでお客様の信頼を勝ち得ているのです。

事例4　生活協同組合コープみやざき

宮崎県宮崎市に、食品、生鮮品、雑貨、衣料品を中心とした共同購入と店舗による供給事業を行う生活協同組合コープみやざきがあります。

１９７３年5月29日、６９０名の組合員が「元気であれ、大きくなれと願いを込めて作る毎日の食事に、体をむしばむ有害添加物が入っているということは、私たち母親、主婦にとって決して許すことはできません」との思いで、前身の宮崎市民生活協同組合を設立しました。

以来、組合員とともに成長・発展を続け、２０２１年度末現在、組合員は26万４４７８人、世帯加入率は２０２１年3月現在で県内世帯数の54・5％。また職員も２０２１年度末現在で、パート・アルバイト含め合計２１３３人。１９８９年から、ずっと黒字経営を続けています。

ちなみに、54・5％という世帯加入率は、同じ九州地区のコープさが生活協同組合が21・6％、生活協同組合くまもとが20・7％、生活協同組合コープおおいたが37・2％、生活協同組合コープかごしまが45・9％、生活協同組合コープおきなわが38・2％であることを考えると、いかに高いかがよく分かります。

全国各地に同様の生協があり、販売しているもの、提供しているサービスも大きな差がないにもかかわらず、なぜ同組合がここまで高い評価を得ることができたのでしょうか。

まず1つ目は、生協観の徹底。生協は、組合員が暮らしに必要なものを買うためにつくった組織です。一般小売業が商品を「売る」ことが目的なのに対して、生協は「組合員が欲しい商品を購入することに応える」ことが目的になります。つまり、「販売業」ではなく「購買代理業」なのです。組合員と役職員とが、組合員の暮らしに役立ち続けるという同じ方向を目指して、力を合わせていく組織となっているのです。

同組合が購買事業において大切にしていることが5つあります。それが、①買おうと思ったとき、欲しい商品があるか、②スムーズに気持ち良く買えるか、商品の使い方は交流されているか、③一人ひとりが大事にされ、私も役立っていると思えるか、④これで事業としてなりたっていくか、⑤組合員さんのくらし全体から見て、その組合員さんにとって最も役に立つように、他の事業も適切に案内できているか、の5つです。

この5つの基準に照らし合わせ、職員が個々に考え、組合員にとっての最善の行動を取っているのです。たとえば、通常、調理済みの状態で売られている野菜天串を、「家で揚げたいので、原料のまま5本頂けますか」という組合員からの要望に対し、10本入り1袋で売っているものを5本分で計算して販売したり、「巻き寿司10個入りがあるけど、こんなには食べきれない。減らせないか」という要望にも、詰め替えて5個入りで販売しています。

同組合では、これらを特殊事例として受け取るのではなく、他にも同じように考える組合員がいるのではと考え、5個入りの品揃えを増やすという対応に反映させています。組合員から聞いたこと、自身がよかれと思ったことは「まずはやってみる」といった考えが徹底されているのです。

同組合設立45周年の際、組合員に満足度を聞いたところ、92・6点という高い数字が出ました。35周年の際の同質問への回答は88・6点、40周年の際が90・3点だったことから、年々その満足度が上がっていることが分かります。

さらに、生協総合研究所が2018年に行った全国組合員意識調査においても、店舗満足度（満足・やや満足の合計％）で「生鮮食品の鮮度」は全国平均が55％であったのに対し、同組合のそれは82％。「品揃え」も前者が48％に対し75％。「商品の単位・容量」も前者が52％に対し75％。そして「職員の対応」も前者が53％に対し73％と、いずれも全国平均を大きく上回っていたのです。

2つ目は、組合員からの声の活用。1984年に、活動の基本となる、私たちの声（意見要望）をもとにした運営スタイルに変更し、事業の領域を、すべての県民の生活分野に役立つ事業に広げ、活動を続けてきました。現在も、同組合には「よくするカード」「よかったよカード」「こんなふうに使ったよカード」などの組合員の声が年間8万枚以上も届けられ、そのすべてが経営や店舗づくりに生かされています。

その結果、全国に数多くある生協が、日本生活協同組合連合会が開発するコープ商品をメイン商品としているのが圧倒的に多いなか、同組合では自身の責任で開発し、供給・販売する商品「みやざきコープ商品」が数多く開発・販売され、2022年6月時点で72品目に上っています。組合員は、自分たちの声が反映された商品が店舗に並び、自分たちの要望が満たされた商品、ここにしかない商品があることでその来店頻度を高め、安定した売上確保に寄与し、また同組合の世帯加入率も自ずと高まっているのです。

さらに、組合員が使ってみてよかったという情報は横につなげ、対策が必要なことは解決部署につなげています。組合員さんが買いやすくなる努力、使った（食べた）商品がより良くなるような努力を続けることで、同じ物なら生協で買いたいと感じてもらえるように取り組んでいるのです。

また、この声は同組合内のみではなく、取引先にも伝えられます。生協事業は取引先の協力なしには成り立たないという思いから、組合員からの様々な要望・ヒントを取引先に伝え、協力しながら、組合員満足の向上を図ることで、組合員から寄せられる喜びの声を丁寧に取引先に伝え、善の循環をつくり出し、すべての商品は使う人に役立つことを想定してつくられていくのです。

「よかったよ」の声は、届けられた生協だけでなく、取引先、実際に生産に関わった人、さらにはその原料を準備した人など、その商品に関わったすべての人を幸せにする力を持っています。「よかったよ」の声を通して、関わる全員が幸せを感じることができ、それにより、職員、組合員、取引先と一緒に感性豊かな事業、小さくてもキラリと光る生協づくりにつながっているのです。

同組合は、組合設立以来、組合員が欲しい商品を購入することに応える購買代理店機能を果たし続けることで、たまたま買い物に来た顧客が感動をし、生協会員になりファンになるなど、高い評価を得てきたのです。

3 ファンからリピーターにする

単なる顧客から自社の商品・サービスを指名買いしてくれるファンにすることだけでも、その効果は計り知れません。「2．顧客ではなくファンをつくる」の事例でも紹介したように、顧客との間に簡単には切れない強固な関係を構築することで、それぞれにとって安心と信頼が生まれるからです。

では、顧客からファンをつくれば、それで十分かといえば、まだまだ不十分と言わざるを得ません。ファンになってくれた方たちとの関係をさらに強固にするために、もう一段上のリピーターになってもらうことを考えていく必要があります。

ファンづくりももちろん重要ですが、企業として安定して売上を維持するためには、リピーターの存在が欠かせません。リピーターは、自社の商品やサービスを複数回にわたり購入・利用してくれる顧客であり、企業の売上を支えてくれる大切で重要な存在です。

パレートの法則という考え方があります。イタリアの経済学者ヴィルフレド・パレートが発見した法則で、「80：20の法則」とも言われ、全体の数値の8割は、全体を構成する要素のうちの2割の要素が生み出しているという経験則のことです。このことからも分かるように、企業が安定した売上を維持していくためには、獲得した多くのファンから、さらに一定層のリピーターを獲得していく必要があるのです。

2021年の新語・流行語大賞にもノミネートされ、近年、よく聞かれるようになった「推し活」という言葉をご存じでしょうか。推し活とは、簡単に言えば、自分が推しているアイドルや俳優、キャラクターなどを応援する活動のことを言います。

ファンなら応援するのは当然と思う方もいらっしゃるかもしれませんが、推しをみつけたファンは、推しが出ているライブのために、全国各地に出向いたり、同じグッズを複数買ったり、オリジナルの応援グッズをつくるなど、推しのためにすべての時間とエネルギーを注ぎ込んでいるのです。

これを、アイドルや俳優、キャラクターなど、ある特定の対象だから起こりうる現象で、企業と顧客との間にこういった関係は生まれないと考えるのは少し早計だと思います。企業も顧客に、「この会社は私の推しだから、どんな形でも応援し続けよう」という気持ちを持ってもらう関係づくりをしていくべきなのです。

ただ、多くの企業では、ファンづくりはできているものの、リピーターにまではなかなかなってもらえていないというところもあると思います。せっかく関係を築き上げて、ファンになってくれた顧客がリピーターになっていないとすると、それは次のようなことが原因となっていると考えられます。

・ニーズを追わず、ブーム・流行を追ってしまっている
・プロダクトアウトの思いが強すぎて、市場ニーズを満たしていない

・ナンバーワンの商品・サービスではあるかもしれないが、オンリーワンの商品・サービスではない

まず、ニーズを追い、ブーム・流行を追わないことは、リピーターづくりにおいては鉄則だと思います。経営者として、これからの景気・流行がどうなるかを「読む」ことは必要ですが、それを追っていては、一時的なファンを開拓することはできるかもしれませんが、他の企業も同様にブーム・流行に乗ろうとしている競争環境のなかで、常に勝ち残っていくのは至難の業と言えます。

さらに、景気や流行は、その波は違えども、必ず廃れていくものであり、それをただ追っていては、いつまでたっても安定した経営はできません。自らが市場を切り開く、自らが流行をつくるという意気込み・決意を持つことが、経営者には強く求められるのです。

次に、プロダクトアウトの思いが強すぎて、市場ニーズを満たしていないというケースです。日本が高度経済成長の右肩上がりの時代には、「良いものをつくれば必ず売れる」「この商品・サービスに気づかないほうがおかしい」というプロダクトアウト寄りの話が成立していたのも事実です。ただ、物的に満たされ、つくれば売れる時代ではなくなり、

競合と簡単に比較され取捨選択されてしまう現在、いかにマーケットインの発想で顧客のニーズに応えられるかが、やはり重要となってきます。

つくり手として思い入れがあるからこそ、プロダクトアウトの発想になりがちなのは当然です。また、誰もがみたことも体験したこともない商品・サービスが登場するわけですから、プロダクトアウトで事業を構築するのが間違いだとも言い切れません。また過度にマーケットインに偏ってしまえば、独創的で今までにない新しい価値を発揮するまでに行かない、画一的なものとなってしまう危険性もあります。

最後に、ナンバーワンの商品・サービスではあるかもしれないが、オンリーワンではないとはどういうことでしょう。「ニーズを追わず、ブーム・流行を追う」にも通ずることですが、ナンバーワンは瞬間的なものであって、常に次のナンバーワンが生まれてくるものです。毎週のように、書籍売上ランキングや映画興行収入ランキングなどが発表されていることからも、それが分かると思います。

確かに、瞬間的とはいえ、ナンバーワンになるのも大変なことです。ただ、同じ一番を目指すのであれば、指名買いをしてもらえる、その商品・サービスでしか得られない唯一無二の価値を提供していかなければならないのです。

事例1 株式会社さくら住宅

神奈川県横浜市・鎌倉市エリアを拠点に建築物の新築・増築・改築・改装などを行う株式会社さくら住宅があります。

その大きな特徴の1つが、同社でリフォームをしたお客様が株主になって応援をし続けているということです。同社には「お客様株主制度」があり、2022年3月31日時点での全株主152名に対し、実に87名、率にして55・9%をお客様が占めています。

お客様が株主になることで、地元住民・お客様との結びつきを強め、「自分たちの会社だ」と思っていただいている「お客様株主」によるリピート工事や、紹介や口コミによる新規顧客獲得につながっています。加えて、社員が「自分たちはお客様に支持されている。お客様に支持されない会社は存在意義を失っていく」という意識を持つことで、よりお客様に寄り添った対応を取ることができるようになっているのです。

では、なぜ同社はお客様との間にここまでの関係を築き上げることができたのでしょうか。同社は、1997年6月、現相談役の二宮生憲氏が50歳で独立を決意し、創業しました。同氏がその年齢で創業したのは、かつて勤めていた大手住宅メーカーへの不信感からでした。

ある日、家を買って間もない顧客からクレームが入り、急いで駆けつけると、新築の壁のクロスが剥がれていたそうです。お客様は当然、直してくれと主張しました。そのことを会社に戻り、上司に報告すると、返ってきた言葉は「売った後まで面倒をみる必要はない。いちいち相手にするな」というものでした。「顧客との信頼関係など、誰も気にしていない」「何棟売ったら勝ち。この業界は何なんだろうと思いました」と感じたと言います。

強い思いで独立し、創業当初は、キッチンと水回りを一括でリフォームするセットを看板商品に据えました。高額ではあったものの、そのなかでお得感を打ち出し販売をしてみましたが、1年目は赤字でした。

打開策を模索していたある日、1人のお客様が店舗を訪ねてきて、「洗面台の鏡が錆びて交換したいんですが、どこもやってくれない。こちらでやってくれませんか」と依頼してきました。手間賃はわずかで、利益も出ないと分かってはいたものの、藁にもすがる思いで鏡を交換しました。すると、驚くほど喜んでくれ、次々と他のお客様を紹介してくれたのです。

依頼内容は、電気系統の修理、障子の貼り換え、水漏れ、柱の補修等が中心でしたが、なかには、「建てた会社がアフターフォローに来てくれない」「会社自体がなくなってしまった」というものもありました。

そんな手間賃も利益も出ない工事を引き受けていたら、会社は潰れてしまうのではと思う方もいるでしょうが、同社は創業初年度こそ赤字でしたが、それ以降、25期連続で黒字経営を続けているのです。

なぜ、そんなことが可能なのかといえば、同社が小工事を重ね、お客様との信頼関係を構築して、大口の受注、生涯顧客を増やしていったからです。事実、2021年度の同社の受注総件数の内訳をみてみると、1985件のうち、大口工事が1035件（52・1％）、平均単価96万円に対し、小工事は950件（47・9％）、平均単価33900円となっています。

この数値だけをみると、手間隙のかかる小工事の割合がかなり高いと思われがちですが、売上金額に占める割合でみると、2021年度の受注総額10億2547万円のうち、大口工事は9億9327万円（96・9％）。小工事は3219万円（3・1％）に過ぎません。つまり、約97％の売上は、外壁塗装や耐震補強工事、全面リフォームなどの大口工事によるものなのです。

ただし、二宮氏は意図的に小工事をすることで、その後の大口工事の受注を狙ったわけではありません。小さな依頼にも手間を惜しまず、迅速に対応するという基本姿勢を守り続けたことで、結果として、小工事を発注していたお客様が大口工事を依頼するようになったり、口コミで知り合いを紹介してくれる関係が構築されていったのです。

事実、同社の本社がある横浜市栄区の桂台地区では、約4千世帯が生活していますが、そのうちの5軒に1軒は、同社が何かしらのリフォームを手掛けた世帯です。また同社がどんな小工事でも引き受けてくれるという信頼感から、そのリピート率は95％に上り、顧客の生涯顧客化に成功しているのです。

「値切ったことはない」「かかるものはしょうがない。信用第一です」「小さな工事をきちんとやってくれると、次もお願いしたい心理になりますよね。それで大きな工事も頼んでみようかな、と」とお客様から言われる同社は、大幅な値引き合戦が繰り広げられることの多いリフォーム業界にあって、お客様との間に値引きとは全く無縁の関係性を築いています。

同社では社員に対し、顧客との契約において「売りに走るな」「無理に契約してもらうな」ということを徹底させています。これまでの丁寧で質の高い仕事ぶりが既に口コミで広がっていて、黙っていても顧客から続々と依頼が舞い込むので、無理をする・させる必要もないのです。顧客との関係を対等にすることで、値引きのない状況をつくっていると言えるでしょう。仮に、値引きを要求する顧客がいたとすれば、「では、そういう業者さんにお願いしてください」と、きっぱり断っているのです。

また、アフターフォローという概念が薄い業界にあって、同社はリフォームした家を定期的に訪問し、不具合がないかを聞いて回っています。そのことを二宮相談役は「顧客との距離をどれだけ近くするか。手間を惜しんだら終わりです」と話しています。

同社は、「リフォームを通じて社会のお役に立つ会社になる」を企業理念にし、他社がやりたがらない小工事を進んでやることにより、お客様から高く評価され、その後の大口工事・生涯顧客化へとつなげていったのです。

事例2　株式会社サンキュードラッグ

福岡県北九州市に、ドラッグストア・調剤薬局の経営を行う株式会社サンキュードラッグがあります。

同社は、1956年2月、現社長の平野健二氏の両親が、門司港近くの商店街に小さな薬局を開いたのが始まりです。その後、1970年に同社を設立、1972年には、北九州市初の本格的ドラッグストアとなる株式会社ベビードールドラッグ店を開店するなど順調に拡大をしていきます。

しかし、１９８０年代に入ると、地域を支えていた鉄鋼業が斜陽産業になり、門司でも人口減少と高齢化が急速に進みます。商店街は寂れ、大手スーパーも撤退するなど衰退をしていきました。そんななかで、人口の多い福岡市に出店するものの大失敗、わずか3年で撤退を余儀なくされたのです。この経験が、現在の北九州市中心の展開に特化するきっかけとなり、２０２３年1月末時点で、福岡県北九州市と山口県下関市を中心に、ドラッグストア42店舗（うち、調剤併設28店舗）、調剤薬局33店舗の合計75店舗を展開するまでに成長・発展しています。

現在、都市部を中心にドラッグストアの乱立や各社の合併などが繰り広げられています。ひどいケースでは、ドラッグストアの目の前に別のドラッグストアがあったり、商店街や大通りでは、店の多くがドラッグストアといった光景を目にすることもあるほど、競争が激しい状況が続いているのです。

そんななか、なぜ同社は、差別化を図りにくいドラッグストアという業種にあって、これ程までにお客様の支持を獲得することができたのでしょうか。まず1つ目の理由としては、超高密度出店があります。同社の店舗のほとんどは、福岡県北九州市と山口県下関市に展開されています。しかも、その出店基準は半径５００ｍ、つまり１㎞ごとに1店舗が展開されているのです。

それは、平野社長が「高齢化が進むなか、北九州地区は特に高齢者が多く暮らす街として、日本の15年後の様子を表していると言われている」「そこで、車など移動手段を持っていない高齢者が気軽に歩いて来れる10分以内を目安に次々と出店すれば、毎日来てくれるのではないか」と考えたためです。

そのために、高齢者にとって、身近なところで必要なものを必要な量だけ買える場所をつくるために、薬以外にも、食品から日用品まで何でも揃う、地元の人に便利な店づくりを始めました。実際に、店舗内の食品の品揃えはスーパー並みで、さらに言えば、一般の薬局では扱わないであろう、杖やグラウンドゴルフのクラブといった高齢者に嬉しい商品を取り揃えています。

さらに、店舗敷地内には、内科、耳鼻科・小児科、産婦人科のクリニック、高齢者住宅などを誘致して医療モール化を進めるとともに、調剤薬局とドラッグストアを併設することで、調剤薬局を利用する顧客が、帰りにドラッグストアでお買い物をされるように互いに送客し合い、売上増加につなげているのです。

２つ目の理由は、データ活用です。同社では、「誰が」「何を」「何と一緒に」「何回購入したか」等が分かる顧客の購買記録（ＩＤ-ＰＯＳ）を活用して、一人ひとりの嗜好や購買履歴を分析し、顧客が潜在的に求めているものを推測し、「あなたにピッタリのものがここにあります」という品揃えを進めてきました。その他にも、様々なメーカーに集まってもらい、顧客がまだ気づいていない商品の新たな価値とニーズを掘り起こす潜在需要発掘研究会を月に一度のペースで行って、顧客が気づいていないものをこちらがみつけて、的確にアドバイスすることで、顧客満足度を高めているのです。

また、複数の医療施設を受診したとしても、調剤薬局全店で薬歴データを共有することで、薬の飲み合わせや重複投薬のチェックを行い、複数の店舗で１人の顧客の健康を支える「かかりつけネットワーク構想」により、顧客への万全なサポート体制も整えているのです。

同社は、お客様に徹底的に寄り添い、お客様自身がまだ気づいていない、潜在的に求めているニーズを掘り起こし、その商品・サービスを提供し続けることで高い評価を得てきたのです。

事例3 ライフテクトヤマグチ

東京都町田市に、家庭用電化製品などの販売を行うライフテクトヤマグチがあります。現在の社名よりは「でんかのヤマグチ」という名前のほうが浸透しているかもしれません。

同社は、1965年に現社長の山口勉氏が創業以来、まちの電気屋さんとして営業を続けていました。しかし、同社の立地する町田市が次第に東京のベッドタウンとなって人口が増え始めたこともあり、1996～98年にかけて大手家電量販店が次々と進出し、厳しい競争に巻き込まれることになったのです。

大手家電量販店は、そのスケールメリットを武器に、「どこよりも安く」を謳う値引き合戦を仕掛けてきました。価格面では当然勝負できない同社は、その勝負に挑むことを選びませんでした。

同社が取り組んだのが、価格のみに価値を感じる消費者全般をターゲットにするのではなく、顧客を絞り込んでリピーター・ファンとなってもらえるよう、とことん顧客に密着するサービスでした。大手家電量販店の価格が安いことは間違いありません。しかし、多くの顧客を相手にしているために、故障した際のアフターフォローや、ちょっとした問い合わせに十分対応できていないのが実情です。

そこで同社では、それまでの顧客リストを見直し、顧客数を3分の1に削減させ、さらに家電の「買い物弱者」とされる地域の高齢者を主なターゲットに変えていきました。

そして、その方たちのために使える時間を増やし、家電販売以外の、電球1つからの訪問交換、買い物に行く際の足代わりの送迎、雨戸の建付けや家具の配置変え、家具の修理といった、困ったときにすぐに飛んできてくれる、かゆいところに手が届く「御用聞き的家事サービス」を行うことで、「遠くの親戚より近くのヤマグチ」と言われるまでの信頼関係を構築していったのです。

その結果、町田市に住む多くの高齢者は、遠く離れた息子が帰省してきた際に、家電量販店で安い家電を買ってあげると言っても、「価格は気にしない。この店で買う。この人から買うからいい」と断るのだそうです。

同社の販売価格は、ものによっては大手家電量販店の2倍近くするにもかかわらず、価格以上の価値を体感している顧客が次々に製品を新規購入・リピート購入しているのです。

なお、余談ですが、筆者も何度か同社を訪問していますが、町田駅からタクシーで移動する際、同社の名前を告げるだけで場所が分かるほど、地域で知られた存在になっています。

さらに同社では、単に御用聞きサービスだけを行っているのではなく、その他にも、毎週土日に「男爵まつり」「カツオ祭り」といった何かしらの店舗イベントを数十年にわたり開催するなど、来店を促す仕組みづくりを続けています。顧客の情報をデータ化し、家族構成、購入履歴、家にある家電の情報、趣味などを全社員で共有し、家族以上にその人のことを知っているからこそ、それが可能になっているのです。

一般的に、縮小し続ける国内市場で生き残りをかけて戦う道は、他社から顧客を取り込むか、新規事業に参入するかしかないと考えがちです。そのなかで同社は、既存顧客へのきめ細かいサービスと日常の綿密なコミュニケーションから、既存顧客が持つ「潜在ニーズ」を掘り起こし、自社商品を買い続けてもらう道をみつけたことで、高い評価を得てきたのです。

4 人がやらない・やれない・やりたくないことをやる

これだけ、モノがあふれている時代、競合他社との激しい競争に常にさらされているなかで、顧客・取引先から選ばれるためには、差別化、つまり他との違いを明確にしていく必要があります。

価格競争から脱却したい、指名買いをしてもらいたいと思うのであれば、やるべきことは簡単です。それは、自社が戦うべき池・土俵を決めて、そのなかで、他社がやらない・やれない・やりたくないことをやり、その池の王になればいいだけです。競合ひしめくなかで戦おうとしていても、いずれ価格競争に陥ることは目に見えています。

小さな会社であれば、大企業相手に戦うべきではありません。大企業と中小企業は、本来その持つ使命と責任が異なります。あえて言えば、大企業は大きな資本力を武器に、規模の大きな市場を創造・対応する企業です。一方、大企業と比較して、はるかに資本力の弱い中小企業は、だからこそ小さな市場・ニッチマーケットを創造・対応するべき企業なのです。あえて魚に例えれば、大企業は海で生きるクジラ、中小企業は川で生きる雑魚と言っても過言ではありません。

このことこそ、両者の共生・共存の基礎的条件なのです。このことを無視して、中小企業が大きな市場に参入しようとすれば、資金や人財が続かず溺れてしまったり、大企業であるクジラに食べられてしまうのは当たり前のことです。

価格競争から脱却するために、中小企業が狙うべき池、それは小回りやスピードを生かせる分野、小ロットや短納期が要求される分野など、他社がやらない・やれない分野です。しかしながら、多くの中小企業がこのことを十分に理解・認識していないのか、小ロット・短納期、かつ面倒な仕事を嫌い、逆に大ロットの仕事を好む傾向にあります。

その結果、大手企業の下請けの道を選択することになり、当然のことながら、多くの同業者や異業種企業が参入し、年々価格競争が激化していくのです。価格競争から脱却したいと言いながら、自らその可能性をなくしているのです。

何度も言うように、敵が入れない池をつくる、戦わない経営に舵を切るしか勝ち残る道はないのです。そのために、中小企業は価格競争に陥りやすい大ロットの仕事はあえて避け、付加価値の高い小ロット・手間隙のかかる面倒な仕事に、より真剣に取り組むべきなのです。そうすれば、大ロット市場の需給バランスが崩れ、中小企業同士の過当競争も少なくなるはずです。

近年、「家事代行サービス」や「退職代行サービス」といったサービスが次々に誕生してきていますが、なぜ、このようなことが新たなサービスとして成り立っているのでしょうか。これらは、まさに人がやりたくないサービスだったからではないでしょうか。しかも、これらのサービスは単に人がやりたくないというだけではなく、「やらなければいけないことは分かっているけれど、できればやりたくない」という明確なニーズがそこにあったから成立したものだと思います。

家事代行サービスは、近年、共働き世帯や忙しい単身世帯などを中心に、その利用が増えてきていると言われています。家事代行とは、依頼した方の自宅に訪問し、部屋の片づけ、料理のつくり置き、食器洗い・片付け、食料品や日用品の買い物、水回りの掃除（キッチン・お風呂・トイレ・洗面所）、子供の送り迎えなど、日常の家事を代行してくれるサービスのことです。まさに掃除や洗濯などの面倒で手間のかかる作業、しかも必ずやらなければならない作業を担うことで、その時間や苦痛から利用者を解放することで、これまでにない価値を提供したのです。このメリットを知った利用者は、自分の時間を確保でき、さらにこれまでの苦痛から解放されるために、その便利さから価格をあまり気にすることなく、継続的な利用をするようになっていくのです。

退職代行サービスは、労働者が会社を退職したいと考えた場合に、労働者に代わって退職の処理を行ってくれるサービスのことです。

通常、労働者が勤めていた会社を退職する場合には、民法627条1項により、各当事者は、いつでも解約の申入れをすることができます。この場合において、雇用は、解約の申入れの日から2週間を経過することによって終了するとされていて、労働者は、使用者に対して、2週間前に通知をすれば退職できる流れになっています。

ただ、退職を伝えた労働者に対して会社が執拗な引き留めを行ったり、脅しや嫌がらせをして退職を撤回させるような場合や、何かしらの理由で退職したいと言い出せない場合もあります。

いずれにせよ、一度、退職を決意したのであれば、直接、会社側とやり取りをしたくないと考える方がいても不思議はありません。

そんなときに、会社側とのやり取りを代わってくれ、本人は連絡を取る必要がなくなるということで、心理的不安・精神的苦痛から解放されるために、価格は二の次で、こうしたサービスを利用するようになっているのです。

事例1　有限会社原田左官工業所

東京都文京区に、左官工事、タイル貼り工事、防水工事、れんが・ブロック工事等を行う有限会社原田左官工業所があります。

同社は1949年に、現社長の原田宗亮氏の祖父に当たる初代が創業し、町の左官屋さんから店舗左官のナンバーワン企業への転換という、業界のなかで他社がやりたがらないことに取り組むことで、顧客からの高い支持を得ることに成功しています。

現在、左官業界の抱える大きな問題は、職人の高齢化とその減少です。全盛期には30万人の職人がいましたが、現在では全国で5万人を切ってしまっています。しかもその中心となっているのが、平均年齢が60歳前後とも言われる職人たちです。

さらに、左官職人の育成は建築業のなかでも特に時間がかかり、一通り仕事を覚えるまで、およそ10年程度の経験が必要と言われるほどです。職人の高齢化と減少は、同社だけではなく、業界全体の死活問題でした。

その状況下、同社に入ったのが原田氏です。２０００年、25歳で入社し、２００７年に社長に就任しています。１９７４年に生まれ、幼少の頃から自宅と店舗が一緒で、また職人も住み込みで働いていたこともあり、自分も左官屋になることは自然の流れと考えていたと言います。

ただ、大学卒業後、そのまま同社には入らず、3年間、異業種で働きます。その理由を「建築の世界には、同じ雰囲気の人が集まりやすく、内向きの考え方に固まってしまいがちです」「自分たちの常識を優先して、社会の常識からズレていても気が付かないで、『俺たちのルールが当たり前』と考えてしまう風潮があります」「お客様のニーズよりも自分たちのニーズを先に考えてしまうのです」「最初からどっぷりそこに浸ったのでは新しい発想は出てこないだろうと思いました」と話しています。

同社に戻って、まず取り組んだのが、自分たちの市場・顧客を分析することでした。同氏が入社する以前も、同社では地元の工務店からの仕事が減少していたこともあり、それをカバーするために店舗関係の仕事が増えており、仕事全体の60％を占めるまでになっていました。

しかしこれは、戦略的に仕事の種類をシフトしたというわけではなく、左官の仕事が受注産業のため、戦略を考える必要がなく、結果としてそうなっていただけのことだったのです。ただ受注産業だからといって、何も考えずに「来る者拒まず」で仕事をしていては、単価的にも職人の特徴を生かせない仕事を受けることになってしまいます。

その状況に危機感を覚えた原田氏は、自分たちの得意分野で、自分たちのやりたい左官をやっていこうと考え、それまで業界内の誰も調べようとしなかった「店舗左官を手掛ける会社に発注する工務店が都内にどれくらいあるのか」という市場分析に取り組んだのです。

それによって浮かび上がってきたのは、同社の仕事の大半を占めていた店舗関係の仕事は、競合相手がいなかったということでした。今から10年前、店舗関係の仕事をすることは、業界では亜流とみられていました。それは店舗左官が「どうせ塗っても、2年くらいすれば壊されてしまう」と考えられていたこと。そして何よりも大きかったのは、業界では野丁場（鉄筋コンクリート造の建物工事など、住宅以外の大規模な工事現場）を手掛けるか、伝統建築での芸術的な漆喰左官こそ、左官の仕事とされていたためです。

また店舗関係の仕事は、業界内で面倒臭い仕事と考えられていたこともあり、誰もがやりたがらなかったのです。たとえば、駅ビルでの作業では、駅のルールがあり、終電から始発の間までしか作業ができないこと。デパートでは、小さな運搬用エレベーターに材料を乗せて何往復もしなければならないこと。仕事をする上でのそんな制約を嫌い、競合がいなかったのです。

結果、他の同業がやりたがらない仕事を積極的に行うことで、多くの依頼が舞い込み、左官業という業種のなかでは安定的に高い売上を獲得できるようになったのです。また、競合他社が嫌う、制約の多い仕事をこなしていくことで、企業としても職人としても鍛えられ、店舗関係の左官に必要な経験値を高めることで、どんな仕事も受け入れられる対応力も身に着けていきました。

同社は、業界内で誰もやりたがらなかった店舗関係の仕事に取り組むことで、お客様からの高い評価と信頼を一身に受け、店舗左官ならば原田左官工業所と言われるまでに成長したのです。

事例2 沢根スプリング株式会社

静岡県浜松市に、各種ばね及び関連製品の製造販売を行う沢根スプリング株式会社があります。

同社は、1966年5月10日に、現会長の沢根孝佳氏の父親の沢根好孝氏が、浜松市南区高塚町で設立したのが始まりです。好孝氏は、同社設立以前、義兄とヤスリの目立業やばね製造業を営んでいましたが、経営に関する意見の不一致などにより独立し、同社を設立します。その際、義兄に前の会社の一切（工場や設備、在庫など）を譲り、自身はゼロからのスタートでした。

設立当時、自動車部品メーカーの量産品の仕事が主だったこともあり、孝佳氏が社長就任時の売上に占める自動車業界シェアは80％ありましたが、現在の主力事業であり、自社商品である「ストックスプリング」という業界初のばねの通信販売事業を確立させることで、全国的に著名なばねの中堅中小企業にまで発展しました。ちなみに、自動車部品メーカーの量産品の仕事は、現在、35％程度にまで減少させています。

では、同社が取り組んだ「人がやらない・やれないこと」とはどういったものだったのでしょうか。まず1つ目は、独自の生産販売システムを構築したばねの通信販売の開始をしたことです。ばね製造業では一般的に、顧客からの図面や仕様をもとに正確な製品を製造して納めるという下請け仕事が中心になります。価格は安くても仕事が来るという安心感から、多くの下請け企業がその仕事から抜け出さず、また抜け出そうと考えないなか、沢根スプリングでは早くから、下請け受注生産から脱却し、少しでも自社商品を持ちたいという強い願望を持っていました。

1987年、1本からでも購入可能な、カタログによる通信販売「ストックスプリング」を開始しました。この販売方法は、現会長の孝佳氏が直接視察したアメリカ・ボストンにある社員30名程度のばね工場が1981年当時、すでに事業化していたビジネスモデルを輸入し、さらにアレンジを加え、磨きをかけることで確立させたものです。

開始当初、同業他社などから、こんなものは商売にならないと言われましたが、通信販売によるフレキシブルな少量・小口ニーズへの対応と技術力・開発力で、現在では全国3万2千社のユーザーを獲得するまでになりました。ちなみに、カタログ掲載数も570種ほどからスタートしたものが、現在では5000種以上になっています。さらに言えば、工業用ばねから抜け出し、医療用の極小ばねという新たな分野へと事業も拡張しています。また2001年からは、業界に先駆けインターネットを活用したばねのショッピングサイト「スプリングネット」も運営。2010年からは、海外向けのインターネット販売も開始しています。海外向けは、通常のばねだけでなく、マイクロコイルなど医療用のばねやコイルの販売を中心に展開しています。

同社が取り組んだことの2つ目は、少量・小口ニーズへのスピード対応です。大量注文が当たり前の業界で、沢根スプリングではばねを1個単位で加工・販売する小口取引を行っています。1個から注文可能で、しかも短納期（即日発送、翌日到着）を基本とし、それゆえ在庫を抱えることにはなりますが、大量発注が基本だったばね業界の常識を打ち破りました。翌日到着というスピード感は、1本のばねを今日・明日に欲しいというユーザーにとって大きな魅力となったのです。

「小口ばかりやって儲かるんですか」と不思議がられることも多いそうですが、同じばねでも数や納期で値段が変わるなど、徹底的に価値を訴求することで、利益率をどんどん高めているのです。孝佳氏はこの小口取引を開始した理由を、「効率的に同じものを大量に毎日つくり続け、価格競争のなかで戦い続けることほどつまらないことはない。だから、スピードとサービスの付加価値にこだわった経営に切り替えた」と話します。

価格決定権がなく、発注者の意向などに大きく影響される業界において、他社がやらない・やれない・やりたくない面倒な市場で生きていく。しかも少量のばねを超短納期で届けてくれるのだから、当然、同社で値決めが可能となり、それまで1個当たり何銭という単位で取引されていた業界のなかにあって、価格競争の世界から抜け出すことに成功したのです。

結果、2020年現在では、量産品37％、スポット品63％の割合にまで変化しており、最も大きく依存している顧客でも、その割合は13％となっています。また、顧客は440社（通信販売顧客は3200件）、なかでも売上比率が1％未満の会社が400社以上となっているため、値引きを要求されることもなく、また仮に容認できない値引きを要求された場合でも、はっきりと断ることができるため、結果として、顧客と対等の立場で取引ができるようになっているのです。

同社は、他を圧倒するスピードとサービスに磨きをかけ、ものづくりを通して「時間」という価値を提供し続けることで、お客様から高い評価を得てきたと言えるでしょう。

事例3 ホワイトローズ株式会社

東京都台東区に、高級ビニール傘の製造・販売を行うホワイトローズ株式会社があります。同社の設立は1953年ですが、その創業は実に1721年（享保6年）と江戸時代にまで遡ります。甲斐の住人、武田源勝政が江戸駒形に出て煙草商人となり、初代武田長五郎を名乗って、「武田長五郎商店」を創業したのが始まりです。

創業当時は煙草商でしたが、刻み煙草を保管する油紙で雨合羽を考案し、参勤交代の大名行列に採用されたことで雨具店に転身します。その後、明治期には人力車の帆や天幕も扱うようになり、従来の和傘に加え、洋傘の製造販売も始めます。そして9代目の須藤三男氏が1950年代に世界に先駆けてビニール傘を発明・販売を始め、現社長の須藤宰氏は10代目に当たります。

明治期には洋傘もつくり、社員も大勢抱え、それなりに繁盛していましたが、終戦後、9代目がシベリア抑留のために4年遅れで帰国すると、環境は一変していました。戦後の物のない時代、傘をつくれば必ず売れる状況下ではありましたが、帰国が遅れた影響により、材料の確保に苦戦することになり、すでに他の傘メーカーは復興しており、新たに参入する余地は残されていませんでした。

そこで、傘の周辺商品で、他社がやっていない新しい商品を開発しなければと考えた9代目は、進駐軍が持ってきたビニールのテーブルクロスに着目しました。というのも、当時の傘は綿が主流だったため、雨が漏れたり、色落ちして衣服を汚すことが珍しくなかったのです。そこで考案したのが、「傘を濡らさない」ためのビニール製の傘カバーで、傘売り場で綿の傘と一緒に販売されて大ヒットし、店頭には朝から長い列ができるほどだったと言います。

しかし、ナイロンやポリエステルといった新たな繊維が普及すると、傘にも用いられるようになり、その糸の均一性、高い染色堅牢度、縫製のしやすさから急激に普及し、特に雨傘の大量生産を望むマーケットから喝采を博しました。防水強度もアクリル樹脂コーティング加工により大幅に向上したため、綿の傘は減少し、同時に傘カバーのニーズも下降していきます。

そこで同社は、「だったら、ビニール単体で傘を作ればいいじゃないか」と、その開発に取り組んで行きます。素材としてのビニールやその加工が大きな壁として立ちはだかり、開発には5年という年月を要しましたが、1958年にようやく世界初のビニール傘が完成します。

しかし、世界初の画期的なビニール傘を開発したというのに、その売れ行きは思わしくありませんでした。そこには、雨具屋や傘職人たちの強い抵抗があったのです。そもそも洋傘は繊維素材のカバーを使用することが伝統であり格式でした。それが合成樹脂繊維の開発により拍車がかかり、ますます完成されていくのが正しいという当時の時代認識があり、正義になっていました。

そんななかで、ビニール素材では針と糸は使えず、今までの製造方法では当然だった傘職人の手を一切加えることなく完成してしまう開発当初のビニール傘は、それら西欧伝来の生産様式を破壊する無謀かつ不必要なアプローチとして排除されたのです。江戸時代からの老舗の雨具屋も、「ビニール素材を骨に直接張るなどもってのほか」「ビニール傘屋ふぜいが」と蔑まれ、ほとんどの傘小売店・傘売場から見向きもされない状況が続きました。

それに加え、ビニール傘は当時の主流の布傘のライバルと認識されたため、店舗や問屋から布傘に付ける傘カバーは歓迎されても、ビニール傘の取り扱いは拒否されたのです。

しかし、ある世界的なイベントのおかげで、同社のビニール傘に脚光が集まることになります。それは1964年の東京オリンピックです。来日したアメリカの大手洋傘販売のバイヤーが同社のビニール傘を知り、「ニューヨークで売りましょう」と提案してきたのです。

以後、数年間はビニール傘をすべて米国に輸出し、やっと商売が軌道に乗ったと思われましたが、ある日、注文が止まってしまったのです。米国の会社が台湾に工場を作って商品を調達し始めたからでした。

価格競争では勝てないと感じた同社は、国内販売に切り替え、アパレルやDCブランドショップなどに、色や柄を付けたビニール傘を置いてもらうようにしました。さらに、テレビ番組でも紹介され、「ファッショングッズ」としてのビニール傘が定着し始めます。ちなみに、同社の社名の由来は、女性がミニスカートをはくとき用の傘もつくった際、ミニスカート用のバラの花柄が大ヒットしたことから、1976年に社名変更したことにあります。

しかしその後、日本にも台湾製のビニール傘が大量に輸入されたことで、全盛期は50社ほどあったというビニール傘メーカーは、廃業や撤退に追い込まれていきます。

「布傘とビニール傘を同じ商品だと思っていましたが、違うものでした。ビニール傘は雨が降ったときに手軽に買えればいい。自分が考えていたような性別や年齢を問わないファッショングッズではなかった」と須藤氏は言います。

また、ビニール傘を置く店側の意識も同社と違っていました。ビニール傘なら多種類の傘を揃える必要はなく、同じビニール傘を何本か置いておけばいい。今日売れなくても、次の雨で売れるし、年間での販売実績もある程度は予測できるから、在庫過剰の心配もない。リスクの低い商売だったのです。

そうなると、「いかに売るか」ではなく「いかに安く仕入れるか」が重視されるようになったのです。実際に、その後も値下がりは続き、1990年代に入って中国が「世界の生産拠点」となると、さらに拍車がかかりました。その結果、現在、洋傘製造業の国内市場規模は年間約1億3000万本。金額ベースでは約300億円と言われ、その9割を占めているのが中国からの輸入品という大変厳しい市場環境に陥っているのです。

傘づくりをあきらめかけた同社ですが、国内ビニール傘メーカーを絶やすまいという強い決意で、高級ビニール傘の開発に取り組んでいきます。「ビニール傘」と聞くと、雨の日にコンビニエンスストアや駅の売店の店先で売られている500円~600円ほどの安価な傘を思い浮かべる人も多いと思います。

しかし、同社では、1本9千円～2万円もする高級ビニール傘を販売しているのです。その理由を「つくり手として、コストを重視するあまりに素材へのこだわりがなくなり、いたずらに壊れやすい使い捨ての傘を生産することに疑問を持っているから」と話します。

同社がつくった高級ビニール傘は、単に値段が高級というわけではなく、多くの方が思うビニール傘のイメージを大きく覆したものになっています。たとえば、ある議員の「安いビニール傘では小さすぎて、すぐ壊れてしまう。黒や茶の傘で演説をすると、聴衆に圧迫感を与えてしまうが、ビニール傘だと庶民性を感じさせるし、透明なので自分の表情も伝えられるので、雨の日の選挙演説用に、大きくて丈夫なビニール傘をつくってほしい」「選挙カーの上で演説する際に、横風を受けるので、強風にも壊れない傘が欲しい」という声から生まれたビニール傘があります。

グラスファイバー製の8本骨でできたビニール傘は、風速15メートルの台風でも曲がらず、軽さとしなやかさを兼ね備え、しかも骨の上に空気が抜ける穴「逆支弁」（特許取得済み）があるため、外からは水が入らず、中からは風が抜けるという構造になっています。

また、2010年に開催された園遊会で、VIPの人たちに用意されたのも同社の商品でした。宮内庁の傘の修理を請け負う会社からの相談もあり、皇后陛下（現上皇后美智子陛下）が園遊会などの屋外での行事に参加される際、参加者1人ひとりの顔を見ながら挨拶できる、片手で持っても軽くて持ちやすいクリアなビニール傘を求められているとのことでした。

「透明で丈夫で使いやすい傘」をつくるべく、皇后陛下の体の大きさや傘の使い方を伺い、期待に応えることができるように開発に専念しました。向かい側から風が吹いたからといって、傘を斜め持ちすることはない皇后陛下の優しい心遣いが、新たなヒントとなり、「風が通るようにビニール部分に穴を開けよう」という発想が生まれました。そうして完成したビニール傘を実際に手に持たれた皇后陛下は、大変気に入られたそうです。同時に、ビニール傘＝安くて、壊れやすく、使い捨てというイメージを払拭しきれずにいたのが、園遊会でも使われる傘という由緒あるステイタスを得たことで、名実ともに世界に誇れる一流品となったのです。

一見すると、同社のビニール傘はオーダーメイドで、一般の消費者には縁遠い商品のように映ります。しかし、ハンディキャップのある人や赤ちゃんを抱くお母さんたちから「丈夫で周りがよく見えるし、周りの人にも自分の姿が見えるから安心」といった声が数多く寄せられています。それは、同社の傘が持つ機能が一般の人々にも必要なものだからにほかなりません。

また、同社のビニール傘が高い評価を得ているのは、丈夫で壊れにくいからというだけではありません。同社では自社製のビニール傘の修理を受け付けているのです。「傘をつくっただけじゃダメ。傘は壊れるということを想定しながら、うちでは5年、10年と長持ちする傘をつくっています。カバーも骨も壊れたら取り替えられます。すべて国内で手づくりしているので、自社で修理ができるっていうのが実は強みなんです」と言います。

さらに、傘の修理を行うことで得られる情報もあります。顧客が想定外の使い方をしている場合もあって、「なんでこんな壊れ方をしたんですか」と聞くと「実はこういう使い方をしているんです」という話になる。そこで初めて「そういう使い方をする人もいるのか」ということに気づくそうです。

そのやり取りが、改良点や新商品が生まれるきっかけにつながります。同社は傘を販売しただけでは分からない、顧客の真のニーズ・ウォンツを修理に来られた顧客の顔・声から集める場にもなっているのです。

同社のビニール傘には、使う人の立場に立ったものづくり。売れる商品よりも使ってもらえる商品をつくるという思いが込められています。また同業他社が考えもしなかったビニール傘の高付加価値化や修理対応を行うことで差別化を図ることにも成功しました。それゆえ、当然の結果として、お客様からの高い評価を得ることができたのです。

5 世の中にある困りごとを解決する

顧客を創造し、顧客に気づいてもらうためには、顧客に価値を訴求する「マーケットイン」の発想がどうしても求められます。この商品・サービスが、顧客のどんな「不」（不満・不安・不便）の解消につながるのか。どんな価値を新たに提供できるのかを追求することこそが、新規事業開発の入口となるのです。それは、顧客が求めているものが、自社がこれからつくる・提供すべきものであると、事業開発の共通イメージを持てるからです。

そして、顧客のニーズ・ウォンツに応える商品・サービスを開発できれば、当然、それまで先行していたものの「不」を解消しているわけですから、一定の市場を確保することができるため、ある程度の売上予測も立てやすくなります。

また、もともと存在していた市場の問題点を解決するものになるため、自社にとっては新規であっても、失敗する可能性を少なくすることができます。同時に、顧客側からみれば、より安心・安全な商品・サービスになっているため、これまでの価格より多少割高であっても、その金額を支払おう・支払いたいと考えるのは、ある意味当然のことと言えます。

企業は環境適応業であり、いつの時代も、その時々の社会やニーズにマッチした新たな価値を創造し続けなければなりません。好不況の度に一喜一憂する不安定な状態を脱するために、環境に適応する変化対応力を身に着ける必要があるのです。

そのために、まず企業がやるべきこととは、顧客がどんなことで困っているのか、何を不満に思っているのかを知ることです。机上の空論ではなく、自身の身の回りで起きていること、顕在化していない潜在的な顧客の声を聞くことです。

多くの企業が、新商品や新サービスを提供する前に、モニター調査を実施することがありますが、これもその手法の1つです。新商品・サービスや既存商品・サービスの改善・改良版といったものを実際に調査対象者に使用・利用してもらい、その使用感・利用感をアンケートなどで回答してもらうものです。対象者から率直な意見を頂けるので、その声をもとに新商品・サービスのイメージを具体化させていくことで、より多くの人の「不」

を解消したものとなると同時に、より多くの人が手にしたいと思う商品・サービスへと仕上げていくのです。

事例1 株式会社ファンケル

神奈川県横浜市中区に、化粧品・健康食品の開発・製造・販売を行う株式会社ファンケルがあります。同社は、1980年4月、創業者で現・名誉相談役ファウンダーの池森賢二氏が化粧品販売を個人創業し、化粧品の通信販売を開始したのが始まりです。

同社は、創業理念に〈正義感を持って世の中の「不」を解消しよう〉を掲げ、不安・不便・不満といった「不」の付く言葉を世の中からなくしたいという創業時からの変わらぬ思いを持ち続け、一貫して社会課題解決に取り組み、無添加化粧品やサプリメントのパイオニアとして高い評価を得ています。

同社が取り組んできた「不」の解消はいくつかありますが、その1つ目は無添加基礎化粧品の開発です。1982年に5㎖のバイアル瓶に詰めた初めての無添加基礎化粧品および洗顔パウダーを販売開始していますが、そのきっかけは池森氏の奥様の悩みからだったのです。

同氏が奥様の顔の肌荒れがひどいことに気づき、話を聞くと、「これまで使っていた化粧品が肌に合わなくなった」ということでした。詳しく調べてみると、その悩みは奥様だけではなく、1978～79年頃、化粧品が合わず、肌にトラブルを抱える女性たちが増加して「化粧品公害」という言葉ができるほどの社会問題になっていました。

その原因が、化粧品に含まれていた防腐剤や酸化防止剤、殺菌剤、香料などの添加物だと分かってはいましたが、防腐剤を入れないと、化粧品は1ヶ月ほどで腐ってしまうため、既存の大手メーカーでその解決に取り組む企業はなかったのです。

そこで、後発・小資本でスタートした池森氏は、他社がやらない・やれないことをやろうと考え、それなら傷まずに使い切れる1週間分の量を密封容器に入れて使えばいいと、当時、市販されている他社の化粧品の多くで100mlサイズが一般的だったなか、5mlの無添加基礎化粧品を販売します。大容量での販売を前提に、防腐剤などを入れなければならなかった化粧品業界の常識を、これによって覆すことに成功しました。

発売した化粧品は、当然ではありますが、肌にトラブルを抱えていた多くの女性から高い支持を受け、創業からわずか2年でお客様の数は3万人を超え、売上も1983年から1985年の3年間でほぼ倍増しました。

同社が取り組んできた「不」の解消の2つ目は販売方法です。1980年の創業時から化粧品の通信販売を開始していましたが、これは同社に限ったことではありませんでした。通信販売のデメリットは、受け取り側に「仕事が忙しく留守がちで受け取れない」「受け取り日の行動が制約される」といった不在に起因する不便さが生じることです。「チャイムが鳴ると赤ちゃんが起きる」「配達ドライバーと直接会いたくない」といった不安による受け取り拒否や再配達の問題があったのです。

そこで、1992年11月に配送箱や郵便受けに投函できるポストサイズを導入し、ポストに投函できる場合には、受領印不要でお届けするポストインを開始します。さらに1997年1月には、日本で初めて「置き場所指定お届けサービス」も導入しました。

このサービスは、玄関前やガスメーターボックス、集合ポスト、その他ポスト、物置、車庫、管理人への預け、洗濯機のなか、宅配ボックス、自転車のかごといったお客様が指定した場所に荷物を置くもので、こちらも受領印は不要、さらに対面の必要もないため、お客様が感じていた「不便さ」「不安」の「不」の解消につながったのです。

同社が取り組んできた「不」の解消の3つ目は、健康食品業界の改革です。1994年2月に栄養補助食品の通信販売を開始しますが、そのきっかけは、当時の日本では、健康食品は価格が非常に高く、また商品によっては桐の箱に入れて売られているなど、利用者の不安・不満があったことです。

また池森氏自身も口内炎に悩まされ、健康食品を使っていましたが、同様の不満を感じていました。そこで「サプリメントは本来毎日摂り続けてこそ効果が出るもの。人々の健康のために適正価格で販売できないか」と、価格破壊に取り組みます。

そこで同社は、原料には当然こだわりつつ、中間マージンを徹底的に削減することで価格破壊を実現させます。1994年当時、それまで発売されていた健康食品の3分の1から5分の1の価格で販売することで、サプリメントの適正価格を示しました。

現在では当たり前になっているアルミ袋に入れた包装も同社が日本に広めたものです。これにより、これまでになかった高品質で低価格なサプリメントが生まれ、現在まで続くサプリメント市場が創造されることになったのです。

この改革のなかで、同社はあえて健康食品ではなく、サプリメントという言葉を使うことで、それまでの健康食品にあった利用者の不安・不満を払拭するようにしています。ちなみに、サプリメントという言葉を日本で初めて使ったのは同社です。

これらの「不」の解消は、池森氏だけで行ったわけではありません。同社では理念を体現できる人材の輩出を目的とした人材育成にも積極的に取り組んでいます。

そのなかの1つが「ファンケル大学」です。ファンケル大学では、「理念を体現できる人材」「次世代のファンケルを担う人材」「グローバルに活躍できる人材」「専門性の高い人材」「会社を取り巻く環境に即応できる人材（SDGs・IT・デジタル人材教育）」「自律的に学ぶ人材」の育成に力を入れ、この6つのあるべき人材像に基づき、それぞれの研修プログラムを実施しているのです。

その他にも、2019年度は、翌年創業40周年を迎える区切りの年として、社員1人ひとりが今一度創業理念に立ち返るとともに、未来を見据えて理念をさらに体現し、自身がすべきことを明確にするために、全32回にわたり、1049名の社員に理念研修を実施しました。

そして2014年度からはファンケル「創業の日（1980年4月7日）」である4月7日が含まれる毎年4月を「創業月間」とし、ファンケルグループ全社員1人ひとりが自分自身の行動を振り返る取り組みを行っています。「創業月間」には、社員全員が集合して同氏の考えを聞き、理念についての理解度を高めたり、2018年度は同氏の社内向け書籍『企業存続のための読本―池森カレンダーより―』を用い、毎日、創業者の言葉と自分の考えを照らし合わせる活動も行いました。

さらに2019年度は、創業理念を日常業務と関連させて考えるために、各部署ごとに課題としている「不」に対し、解消に向けてのテーマを宣言し、実行に向けた取り組みを行うなど、社員1人ひとりが「不」の解消に真剣に取り組んでいるのです。

同社は、一貫して世の中にある「不」の解消という社会課題解決に取り組むことで、高い評価を得てきたのです。

事例2　シャボン玉石けん株式会社

福岡県北九州市に、化学物質や合成添加物を一切含まない無添加石けんの製造・販売を行うシャボン玉石けん株式会社があります。同社は、1910年2月、現福岡県北九州市若松区で森田範次郎商店を創業したのが始まりで、2020年に創業110年を迎えた企業です。

今でこそ、無添加石けんのパイオニア企業として知る人ぞ知る企業となっていますが、創業当時の主力製品は合成洗剤でした。1964年3月、社長に就任した森田光德氏（現社長・隼人氏の父）は、1960年代後半、合成洗剤を製造・販売し、売上も順調に拡大させていきます。

ただ、売上は拡大していったものの、合成洗剤をつくり続けることで、毎年、同氏の身体には赤い湿疹ができるようになりました。これも一種の職業病と半ばあきらめていたところに、同社の根幹を揺るがす大きな転機が訪れることになります。

1971年、国鉄（現JR）門司鉄道管理局から「機関車を合成洗剤で洗うと錆びが早く出る」という理由で、無添加の石けんをつくってほしいという注文が舞い込みます。試行錯誤の末、当時のJIS規格を上回る石けん分96％、水分5％の高純度石けんをつくり上げましたが、その石けんを試しに使ってみると、毎年できていた赤い湿疹が全く出なくなったのです。

そのとき、初めて湿疹の原因が自社の主力商品にあったことを知り、「身体に悪いと分かった商品を売るわけにはいかない」と、1974年にそれまでの合成洗剤から無添加石けんの製造・販売に切り替えることを決意します。

ちなみに、現在、「無添加」と謳っている商品が世の中に数多く出回っていますが、合成界面活性剤などが入っていても、香料や着色料など、何か添加物が1種類入っていないだけで、無添加を名乗っているのが現状なのです。

添加物の含有量が１％未満の場合、成分欄に表記する義務がなく、そのため、香料などを添加していても成分欄に表記していない石けん・合成洗剤メーカーも存在するなかで、同社の商品は防腐剤、色素、香料などの化学物質を一切含まない純石けん分99％の無添加石けんなのです。

しかし、当時はまだまだ無添加石けんに対する需要は少なく、それまで月に８０００万円あった売上は78万円にまで激減し、１００名近くいた社員も一時は５名にまで減少してしまいます。毎月下がり続ける売上に不安を感じ、社員は口々に「無添加石けんの需要はない。合成洗剤に戻しましょう」と訴えてきます。それでも、光徳氏は「自分が怖くて使えない洗剤は売れない」、「売上が78万円あるということは、自分と同じ肌荒れで悩んでいる人がそれだけいるということだ」と、苦境のなかでも信念を曲げずに無添加石けん専業を貫き続けたのです。その後、社員全員が会社や製品に対して誇りと愛着を持つようになり、その表れとして、社長はじめ社員の自社製品の使用率も極めて高くなっているのです。

愛用者から数多く届く「肌荒れがひどく、シャボン玉の商品しか使えない」という声も大きな支えになりました。さらに、愛用者は感謝の声を届けるだけではなく、その多くが同社の有料会員制度「シャボン玉友の会」の会員になっているのです。

同社の商品自体は、会員登録せずに購入できますが、年会費2000円で会員になると、価格10％割引や会報誌の送付、会員向けプレゼントキャンペーン参加などの特典が受けられます。その一方、有料会員以外にはディスカウントをしない方針を取り、有料会員の満足度を高めています。

その結果、同社の業績は1992年に黒字転換を果たします。実にここまで17年もの間、赤字が続きました。

では、同社はなぜ黒字転換できたのでしょうか。その主な理由を紹介していきます。

1点目に、光徳氏が1991年に執筆した『自然流「せっけん」読本』という書籍で思いを伝え続けたことです。書籍を通じて、石けんの素晴らしさと、合成洗剤との違い、自身の思いを伝え、無添加石けんへの理解を徐々に広めていったのです。

ちなみに、現在までの出版部数は10万部を超えるベストセラーとなっています。さらに、出版翌年の1992年、湾岸戦争の報道で、油まみれの水鳥が紹介されたことで、消費者の環境に対する意識が高まり、これをきっかけに事業が上向いていったのです。

2点目は、製造方法へのこだわりです。一般的な石けんは中和法と言われる製造方法が用いられます。この中和法は、脂肪酸と苛性ソーダ（液体は苛性カリ）を反応させる方法で、4~5時間の短時間で石けんをつくることができ、大量生産向きです。

一方、シャボン玉石けんでは、熟練の技術が要求される釜炊き製法「ケン化法」という昔ながらの製法で、職人が1週間から10日をかけてじっくり窯で炊き込みます。

ケン化法は、天然油脂に熱を加えて、苛性ソーダ・苛性カリを反応させながら石けんを炊く釜炊き製法で、油脂と苛性ソーダ・苛性カリをいかに細かく密に反応させるかが、石けんづくりの勝負になるのです。

そのため、目でみるだけでなく、音やにおい、味や手ざわりを確認しながら五感をフルに働かせて、石けんの微妙な変化を調整していくことになります。経験と感覚の熟練技術が必要で、一人前の釜炊き職人になるには10年かかると言われています。

3つ目は、営業スタイルです。同社の営業パーソンは、単に営業するだけの役割ではなく、どちらかといえば伝道師の役割を担っています。価格で訴求するのではなくて、本当の良さを分かってもらえるよう、商品の良さをしっかり伝えて、同社のファンになってもらい、まるで顧客が同社の社員のように、いい商品を一緒に売っていく関係構築を昔から続けています。

また、通販のオペレータも、パート・アルバイトではなく、社員が担当しています。それは、同社のお客様は、商品に思い入れがあるので質問もたくさん寄せられ、そのなかには、社員よりも石けんに詳しいお客様もいるほどです。その際、シャボン玉石けんについて正しい説明をして、ますますファンになってもらうには、思いをもって伝えられる人が対応する必要があると考えたためです。

同社は、苦境にあっても信念を曲げず、手間を惜しまず、無添加石けん専業を貫き続け、身体にも自然にも優しい商品をつくり続けることで、多くのお客様から高い評価を得ることに成功しました。

事例3 株式会社ルバンシュ

石川県能美市に、化粧品及び医薬部外品の製造・販売を行う株式会社ルバンシュがあります。同社の設立は、1990年11月、現社長の千田和弘氏が25歳のときに脱サラして立ち上げたのが始まりです。

創業のきっかけとなったのが、父親が経営する食品研究会社でのある出来事です。ある化粧品メーカーから化粧品の成分に関する分析を依頼されたのですが、自然派化粧品と謳われていたにもかかわらず、実際には、体の中に入ると害になる成分がいくつか見受けられました。

同氏は、「生涯で食べてしまう化粧品の量が1・7kgにもなるという話もあり、化粧品は唇に塗るものをはじめ、微量ながら体内にも入り込んでいるはずで、少ないとはいえ体にいいはずがない」と感じました。

そうした原料が使われていることは化粧品業界では普通かもしれませんが、食品業界にいた千田氏は既存の化粧品の安全性に大きな疑問を抱いたのです。そこで、体の中に入っても害のない安全な化粧品をつくろうと決意し、株式会社ルバンシュを創業しました。ちなみに、社名の由来はフランス語で、「復讐」を意味し、「業界に一石を投じたい」という思いを込めて名付けたものです。

創業当時、すぐ自然派化粧品をつくろうとしましたが、化粧品を製造するためには、厚生労働省から認可された原料を使用しなければならず、同社が化粧品づくりに使いたかった食品由来の原料はあまりなかったのが現状でした。また新たに原料の認可を取るためには、膨大なデータ集めと経費も必要で、多くの苦労を重ねました。

そんななかで、同社に大きな転機が訪れます。2001年に薬事法の改正とともに、使用する原料が審査制度から登録制度に変更され、自己責任で原料を使用できるようになるなど、天然由来の商品を拡充することができるようになったのです。

その流れのなか、2000年に、化粧品業界初となるキャロット油など食用成分100%の基礎化粧品「ベジタブルリップクリーム」を開発します。まずリップクリームの開発に取り組んだのは、口に塗っても安全なリップクリームこそ、同氏の使命感を最も具現化した商品であり、同社のコンセプトを届けるのに最適な商品として、これがヒットしなければ同社が社会から必要とされていないということ、そのときは潔く会社を畳もうという覚悟からでした。

開発過程では安易な妥協をせず、自分たちの理想に向かって納得の行く製品をつくり上げるため、常に食べられるほど安心な化粧品を意識して、まず原料となる素材を自ら味見しながら確認します。

そして、全社員で開発品の使用感・安全性を試し、最後の1人が納得するまで改良を加え、発売時期を定めずに研究開発をしていきました。その結果として完成したリップクリームは、100万本以上の販売数を誇る同社の代表的商品となり、現在も多くの顧客から高い支持を得ています。実際に、商品を利用した方々から感謝の声が多く寄せられており、ここでいくつか紹介します。

「この会社の口紅に出会ってから、口紅もこのリップも手放せなくなりました。有名メーカーの口紅はことごとくダメで、皮がむけてぼろぼろになります。とはいえ、年齢とともに口紅が無いと顔色が悪く見えます。毎日リップを下地に口紅をぬる度に、いい商品と出会えたと感謝しています。これからもよろしくお願いします」

「この会社のことを知らずに、今まで一生懸命荒れが治るリップを探していました。高いリップからたくさん色んなリップを試しましたが…4ヶ月も続く荒れは治らず…ダメ元で購入したルバンシュさんのリップを使用したら翌日パリパリにはなりましたが、夜まではほとんど痛みがなく皮が剥けて、さらに翌日には、ほぼ8、9割方キレイになって本当びっくりです。ありがとうございます！　リップは次から、ここのルバンシュさんで購入します！！！　買いだめします」

「友人にプレゼントされたのがキッカケで使い始めました。他社のだとアレルギー症状が出るのに、このリップだと大丈夫です。もうこれしか使えなくなってしまって、残り少なくなったので、注文します。もったいなくて、指ですくって使っているくらいです」

「〝ベジタブルリップ〟は小学校1年生の息子の愛用品です。嫌がらずにお口クリームと言って自分で塗っています。においや質感が他のものと違い、好きなようです。口に入ってしまうものですから、素材が気になりますし、何よりよく効くと思っていますので、満足しています。私も勿論お気に入りのひとつです」

現在では、そのほかに、食用成分１００％のスキンケア（クレンジング・洗顔・化粧水）商品やハンドクリーム、保湿クリーム、日焼け止めなどの商品が次々と生まれています。しかも使われている素材は、加賀野菜の「金時草《きんじそう》」や能登海洋深層水、「最勝柿《さいしょうがき》」など、どれもが安心できる地元の素材を活用し、開発されたものばかりなのです。

食品を使った化粧品というと、野菜や果物を始めとした様々な食品から有効な成分を抽出して配合するだけと思われがちです。しかし、同社では単に野菜だから身体にいいというイメージだけでは商品はつくれないと考え、抽出した有効成分をデータに基づいて効果的に組み合わせるなど、他の化粧品との差別化もされているのです。

また製造工程も、医薬部外品の製造段階で菌が混入しないよう、原料の仕込みから充填まで、すべてクリーンルーム内で行っています。化粧品メーカーで、クリーンルームを部分的に設ける企業はありますが、全工程で設けているのは数少ないと思います。また、検査の面では、製品が出荷されるまで菌に汚染されていないか、工程検査と製品検査を各段階で厳重に行い、工程検査で安全確認がとれてからボトリングし、ボトリングした製品ロットの安全確認がとれなければ出荷しないなど、徹底した安全性の担保・信頼性・品質保証を実現しています。

このクリーンルームの特長の1つが、大きな窓があることです。その窓は、のぞき窓などではなく、広々とした自然豊かな景色を眺めることができるサイズのものです。

通常、クリーンルームといえば、菌やちり、ほこりの混入がないよう窓もない密閉された構造になっているのが一般的です。もちろん、窓枠はコーキング剤で密閉されているため、開閉することはできません。また、内部からは外を見ることができますが、外部からは特殊フィルムが貼られていて、見ることができない工夫が施されています。

同氏は、「壁に覆われた室内よりも開放的で明るく、自然の風景を眺めながら製品をつくるほうが、社員にとって良いはずと思ったから」と、窓を設置した理由を話します。

同社では、少人数体制ということもあり、社員の当事者意識も高くなっています。そのために、会社という舞台で1人ひとりの社員が主役の働きができるよう、全社員に毎期の決算内容を開示しています。これも多くの会社で行われていることですが、開示内容が他社とは大きく異なっているのです。開示されるデータには、社員1人当たりの経常利益額が記載され、さらに大手の同業他社のデータも載せているのです。

全体の売上や社員規模で大手に勝つのは難しい。しかし、1人ひとりの力で比較すれば、決して負けていないはず。社員1人ひとりが稼ぎ出す金額を見せることで、個々の力がどれだけ会社や社会に貢献しているかを感じてほしい」と、千田氏が考えているためです。

同社は、化粧品にありがちな流行やファッション性を追求するのではなく、あくまでもスキンケアの基本に立ち返り、肌に良くそれでいて人にはもちろん自然環境にも優しい化粧品をつくることで、顧客から高い評価を得ているのです。

事例4 徳武産業株式会社

香川県さぬき市に、ケアシューズ（高齢者シューズ）、ルームシューズの製造・販売を行う徳武産業株式会社があります。同社は1957年に、徳武重利・静子夫妻が綿手袋縫製工場を創業したのが始まりです。

同社はもともと立地する香川県が、国内シェア90％以上を誇る手袋の産地であり、手袋メーカーとその下請け工場、さらには、下請け工場から出される内職仕事によって、手袋の一大産地を形成していたこともあり、綿手袋縫製工場を営んでいました。

しかし、手袋は季節物で繁閑の差が激しく、経営が安定しなかったからか、すぐにスリッパ製造へと転換。さらには、下請けではあったものの、学童用シューズ大手メーカーの縫製を担うなどしていきます。

実力を付けてきた同社としては、言われた通りにつくるのではなく、メーカーとして提案できるまでになっていました。ところが、そこに思わぬつまずきが訪れます。通販会社の購買担当者が替わり、現代表取締役会長の十河孝男氏とは考え方が合わなくなったのです。

「そんなことをしたら、お客様がこっちを向いてくれなくなる…」。同氏の悲痛な叫びを無視して、納得の行かないカタログが発行されてしまったのです。当然、同社の売上は大きく下がってしまいました。

大企業の購買担当者のなかには、権力を笠に、無責任で自分勝手な方針を強引に通そうとする、サラリーマンの悪い面が出てしまう人たちがいます。まさかとは思いましたが、同社もそうした下請けの悲哀の渦中に突き落とされることになったのです。そのときから、「いつかは自立型経営へ」という痛切な思いが十河氏の頭をよぎるようになったのです。

脱下請けの実現は突然やってきました。現在では、ケアシューズが同社の代表的商品になっていますが、その開発のきっかけは、ある老人介護施設を運営する友人からの「入居しているお年寄りがとにかく転倒をする。それぞれの施設の床の環境を変えてみたけれど、床の問題ではなさそうだ。履物の問題ではないかと思うが、お前のところで何とかならないか」という依頼からでした。

十河氏は、2年間にわたって500人もの高齢者に対してモニタリング調査を行い、その友人の話を確かめました。その結果、転倒などの悩みを抱えているお年寄りは、腫れた足のサイズに合わせて大きめの靴を買い、腫れていない片方の靴の爪先には詰め物をしたり、靴下を重ね履きするなど、無理をして靴を履いていたことに気づいたのです。

また集めた多くの声から、足に何らかの不自由を感じているお年寄りの多くが、単に履くための靴ではない、「転倒しない靴があればいいのに」「踵のしっかりした靴が欲しい」「多少、値段は高くても構わないので、左右サイズ違いの靴を買いたい」といった真のニーズを持っていることが分かったのです。

それを知った同社は、親しくしていた靴の技術者に事業化の相談をしました、すると、「バカじゃないか。何を考えているんだ。私は30年間靴をつくっている。神戸に5000社、全国でも2万社の靴屋があるが、そのどれもがそんなことをやろうとは考えないし、実際にやっていない。そんなことをしたら、会社がつぶれるぞ」と言われました。

さらには「そんなことをするなら、私は付き合えない」「値段を安く抑えるには、靴に限らず、量産化するしかない。ましてや、左右異なるサイズで、個々の足に合った靴といったら、オーダーメイドであり、コンフォートシューズ（足の健康を考慮してつくられた靴）になってしまう」と呆れられました。それでも左右サイズ違いの靴を同一価格で販売したり、片足だけを半額近い値段で販売するという、靴業界の非常識に挑戦し続けたのです。そこには、じかに高齢者や障がい者と接することで、彼らが求めているものを実感し、それに応えることが自社の使命だと気づいたからです。

高齢者や障がい者が不自由している現実を目の当たりにして、何とかしたいという思いからスタートした同社の介護用シューズ「あゆみ」が完成したのは１９９５年のことです。現在では同社の製造・販売するケアシューズは全国トップシェアを誇り、２０２１年10月末には累計出荷足数１７００万足。日々の出荷足数は４０００～５０００足、年間１５０万足を出荷するまでになり、売上高は創業当初から20倍になっており、この数字だけをみても、いかに同社が顧客の高い支持を受けているかが分かります。

同氏は、「不満・不便・不自由ということから決して逃げないで、しっかり真正面から向き合い、お年寄りの体の痛みだけではなく、心の痛みも分かるよう挑戦してきました」

「今では、介護用シューズをつくる靴屋さんはいっぱいあるけれども、これほど多くの高齢者や障がい者の皆さんに『あゆみ』を認めていただくまでになり、私たちの業界では、『あゆみ』が圧倒的にナンバーワンだと思っています」と話します。

6 自ら考え、自らつくり、自ら売る

企業活動が行われるなかで、必ず発生する機能がいくつかあります。それが研究開発、生産、そして販売です。どんな企業であっても、この機能が全く発生しない企業は存在しないと言っていいと思います。

まず、研究開発というのは、明日のメシの種となるべき、新しい商品・サービスを自ら考えるということです。企業の経費には、今日のためにかける経費「現在経費」と、明日のためにかける経費「未来経費」の2種類があります。研究開発などは未来経費に当たるものです。

未来経費を投資したからといって必ず芽が出るわけではありませんが、投資しなければ芽が出る可能性はゼロということになります。低迷する企業の圧倒的多数は、目の前の現

在経費にのみ投資を行い、成長の種まきをほとんどやっていないのが現状だと思います。

市場のニーズ・ウォンツに合致した、これまでになかった商品やサービスのアイデアを考えることに成功したならば、次に考えるべきは誰がつくるかです。

多くの企業が、何かしらのものをつくっていることは間違いありません。ただ、ここで重要なのは自ら考えたものを自らつくるということです。これはすべての業種に当てはまる話ですが、特に製造業などでは、大手企業の販売する製品の一部部品を生産するだけの下請け企業が多くなっているように思います。

ひどい企業になると、自分たちのつくっている部品がどんな製品に使われているかも知らずに、毎日ただひたすらにその部品をつくり続けているというケースさえあるのです。これでは何の工夫もなく、何も考えることなく、言われた通りにただ作業しているだけで、顧客への価値を生み出す真の生産機能を保有しているとは到底言えないのです。

自ら考えたものを、自らつくり終えたら、最後に考えるべきことは、誰が売るかです。せっかく自社で開発・生産したものを他社に販売してもらうのか。それとも、自社が直接販売するのか。この決断を間違えると、後々大きな差が生まれることになります。

自社の製品の価値を誰よりも分かっているのは、当然、自分たちであり、顧客が喜んでお金を払ってくれる価格が分かるのも、自分たち以外にはないのです。

それなのに、他社に販売を任せることで、自分たちが望まない、とても適正価格とは言えない高値で、顧客に販売されてしまうことがあります。それで喜ぶのは、販売を委託した企業だけで、本来喜ぶべき人は誰も喜べない結果にしかなりません。またその逆に、自社が望まない安値で販売されてしまうということも起こり得るのです。

自ら考え、自らつくり、自ら売る。この3つの機能を持ち、自社が製販一体型企業となることが強く求められています。

事例1 東海電子株式会社

静岡県富士市に、業務用アルコールチェッカー、インターロック、IT点呼システムなどの開発・製造・販売を行う東海電子株式会社があります。同社は1979年に、現社長の杉本一成氏が創業しました。

同社はもともと大手電機メーカーの下請け工場として、デジタル時計や小型電子機器の基盤アセンブリ、検査、組立加工を行っていました。しかし下請けの仕事は不安定で、景気変動や海外工場移転で大きく影響を受け、やむを得ず、社員のリストラに踏み切ったことも何度かありました。当時は組合の力が強く、労務問題のこじれで会社が倒産してしまう時代でした。杉本氏も、会社を維持していくためには、昨日まで一緒に働いてきた社員を解雇しなくてはならず、毎日が苦渋の決断の連続だったと言います。

何とか脱下請けを図りたいと下請けで蓄えた様々な技術を活用し悪戦苦闘するものの、試作品まではできても製品化に至るものはなかなか生まれませんでした。そんな同社に、ある大手企業で半導体設計から高速カラープリンタの開発までを経験した技術者が、新たな職場で製品開発に挑戦したいと入社してきました。その入社をきっかけに、同社の自社製品開発体制が一気に進展することになったのです。

また、その頃、テレビで知った、飲酒運転による交通事故多発のニュースもヒントになりました。杉本氏は単純に、「アルコール濃度を測る機械がもっとコンパクトになれば需要があるのでは」と考え、製作の指示をします。これが大きな転機となっていくのです。

同氏は知りませんでしたが、既に世の中には数多くのアルコール測定器が出回っていました。新しく入社した技術者は当然そのことを知っていましたが、あえて同氏にそれを伝えず、試作を進めていきます。そのなかで、これまでの測定器には2つ問題があるということが分かったそうです。1つが精度や使用者の使い方・意識に関して、もう1つが高精度の濃度測定には大型の機器が必要になるということです。

そこで、多くの人が使える簡易で高精度なアルコール測定器をつくり、それを鉄道、バス、タクシーなど、物流・交通・観光業界の事業者用に提供してはどうかと考えます。業務用のマーケットなら勝負できると開発を続け、2003年に国内で初めて、「業務用アルコール測定器」が完成しました。杉本氏は「今から思えば知らないが幸いし、言わないが幸いしました」と当時を振り返ります。

同社が「業務用アルコール測定器」を製造するにあたり基本としているのが、正確な測定、記録、不正防止の3点です。運輸関連企業にとって飲酒運転事故は致命傷になります。企業としてきっちり管理するために、正しく測定結果が表示されることは大前提です。そして、その結果を記録することで、様々なデータが蓄積され、管理も簡単に行えるようになっていくのです。

また不正防止に関しても、会社に出社せずに現場に直行する社員に対して点呼時のアルコールチェックが困難な場合でも、パソコン・携帯・IC免許証などITと連動したオンライン動画・カメラ機能を介してチェックを行うことで対応しています。

これまでのアルコール測定器は、精度は低いが値段は数千円というものが一般的でした。一方、同社のアルコール測定システムは20万円以上と高額での販売になりました。当然、顧客は最初は高いと感じますが、導入後しばらくすると、こんなに役に立つ製品はないという評価に変わるのです。

これまでのように夜遅くまで酒を飲み、翌朝、業務に就くドライバーがいなくなると、睡眠時間も十分確保でき、健康状態も改善され、安全な運行が可能になります。結果、会社の信頼度も上がり、仕事も収入も増え、皆が幸せになるからです。

2011年4月から運送事業者の点呼時のアルコールチェックが義務化されたこともあり、業務用分野でシェアトップを走る同社の製品は多くの運送事業者に利用され、その数は全国20000社以上の法人、50000以上の事業所となっています。

社会から飲酒運転をゼロにすべく、社会と人に貢献できる商品の開発を続けることで、東海電子は顧客からの高い支持を受け、年々成長を続けているのです。

事例2　株式会社ふらここ

東京都中央区に、雛人形・五月人形を中心とする日本人形の製造・販売などを行う株式会社ふらここがあります。同社は1987年に、現社長の原英洋氏が創業しています。ちなみに、同氏の実家は祖父の代から始まる人形師の家系で、祖父は人間国宝、そして母も女流人形作家という環境で育ちました。そんな家柄のなか、同氏も当たり前のように、自身も人形師となるべく、両親が経営する会社で働き始め、独立するという思いは全く持たず、後継者として会社経営にも加わっていました。

この会社で働き続けようと考えていた原氏は、両親の会社で働くなかで、次第にある疑問を感じ始めます。それは、人形師という伝統工芸・伝統産業の業界が、昔から変わらず続けている旧態依然とした体制でした。

「職人がつくりたいものをつくって顧客に提供する」。この昔ながらのやり方では、いくら伝統産業でも、いずれ限界が来るのではないか。昔の職人たちが築き上げたやり方をそのまま受け継ぐことが、果たして伝統をつないでいく上で妥当なのか。1200年と言われている雛人形・五月人形の歴史のなかでは、ずっと同じものが受け継がれてきたわけではなく、その時代その時代で人形の形もつくり方も変化しているはずだと感じたのです。

実際、同氏は両親の会社で店頭に立ち、接客をするなかで、ものづくりの現場と顧客のニーズが乖離していることに気づきます。20年以上も売り場に立っているうちに、最初は祖父母が孫へのプレゼントとして選ぶギフト市場が当たり前だと考えていたものが、次第に購入の主導権が若い母親に移っているると感じるようになりました。また、たまたま他社の展示会を手伝った際、若い母親が、従来にないコンパクトなサイズの雛人形を好んで買う光景を目の当たりにしたのです。

原氏は会社に帰り、「今はコンパクトな雛人形が売れている。うちでもそういう人形をつくろう」と話しました。しかしサイズ以外の要望は、昔ながらの職人にはなかなか受け入れてもらえず、「どうして顧客の言いなりになる必要があるのか」「そこまで顧客に迎合する必要はない」と言われ、他の業界では当たり前のことが聞き入れてもらえませんでした。そこで同氏は、自分自身でその問題を解決すべく独立を決意します。

まず取り組んだのが、お客様のニーズを取り入れた人形づくりです。雛人形・五月人形は、職人が自分の腕を振るって各パーツをつくり、小売店が展示会でそのなかから気に入ったものを仕入れ、パーツを組み合わせて販売するため、どこの企業の店舗で売られている人形も組み合わせが異なるだけで、人形自体は全く同じものなのです。それゆえ、顧客が「どの店も同じような人形」という印象を持ち、結果、購入の選択基準は価格になり、各社が価格競争に陥っていたのです。

日々の接客のなかで数多くの顧客の声を耳にし、顧客1人ひとりにサイズ、色、形、雰囲気などのニーズがあることを知った原氏は、その実現に取り組みます。毎日が試行錯誤の連続であり、当然、職人たちの反発も多くありました。たとえば人形の顔1つとっても、彫りの深さをどう調整するかが職人としての腕の見せ所なのですが、同氏はその彫りを取ってくれと頼みこんだのです。

プライドの高い職人たちは同社から離れていき、残った職人たちからは「これ以上彫りを取ったら人形の顔としては成立しない。これが限界」とまで言われました。それでも同氏は、顧客が真に求める人形づくりのため、一切の妥協をすることはありませんでした。

また、雛人形市場がギフト市場からパーソナルユース市場へ変化し、購入の主導権が祖父母から若い母親へと移っていくなかで、昔からの職人たちによる人形づくりだけでは限界があると感じていました。

ただ、同氏自身、新たな顧客層である若い母親たちとは性別も違えば年齢的なギャップもあります。このまま自分が人形をつくり続けていては、やがて限界が来る。

そこで、購入決定権のある若い母親に近い年齢層の女性社員や、業界を変えたいと強く思う同氏に共感する若手職人を積極的に採用し、業界の常識に縛られない彼ら・彼女らの意見を取り入れ、新しい雛人形・五月人形づくりに取り組んでいきます。

「顧客は、こういう人形をつくってください、とは決して言ってくれない。発する言葉から1つひとつキーワードを拾うしかない。ただ、それを男性がやるか女性がやるかには決定的な違いがある」「たとえば、女性の洋服を男性だけでデザインしても当然無理があり、女性の好みをきちんと分析するために、女性も入ってデザインを進める必要がある。同様に商品購入の主導権が若い母親に移ったことからも、女性の好み・要望を形にしやすくするような環境・仕組みを整えていくことが重要だ。同年代の女性ならそれができるのではないか、ということが女性活用のきっかけだった」と原氏は話します。

その結果、従来の目鼻立ちのくっきりとした大人びたものとは異なる、卵を横にしたような顔で、顔と手足は赤ちゃんを模した、またサイズもコンパクトで色使いも多彩な、常識を大きく打ち破る人形を完成させたのです。

ただ、これまでの人形づくりも同時にあり、すぐに新しい人形を大量につくれるという状況でもなかったため、独立初年度は雛人形を200セット、五月人形を100セットつくり、販売してみたところ、予想以上に販売が順調に進み、瞬く間に売り切れとなりました。

しかも、同社の人形の平均単価は市場のなかでもやや高めなのにもかかわらず、値引きをすることなく続々完売し、さらに現在では1年先までの注文が入る状況が年々続いているのです。

同社がつくり上げた雛人形は、人形はもちろん雛道具や飾り台・屏風も、すべて自社で設計し、一体一体手づくりした、あらゆるパーツがすべてオリジナルの商品です。それと同時に、商品の企画段階から販売まで一体となった新しい製販一体のスタイルを確立することで、乖離していた現場と顧客の問題も解決したのです。

ふらここは、旧態依然の体質が染みついていた雛人形・五月人形の世界のイノベーションに取り組むことで、顧客からの高い支持を受け、年々成長を続けているのです。

事例3 杉山フルーツ店

静岡県富士市に、果物販売を行う杉山フルーツ店があります。1950年に一般的な果物店として、杉山久男氏と妻の喜久枝氏により創業されたのが同店の始まりです。

お店が大きく生まれ変わったのは、1982年に久男氏の娘の郁美さんと結婚をして、家業を継ぐことになった現代表の杉山清氏が来てからです。同氏は、栃木県の高校を卒業した後、東京のホテルで料理人として活躍していて、いずれは自分のレストランを開きたいという夢を持っていましたが、郁美さんとの結婚を機に、「果物屋の経営者になるのもいいか…」と思うようになったと言います。

清氏が杉山フルーツ店に入った当時は、お店が立地している吉原商店街は、八百半デパートが大型店として出店していて、その他にもスーパーが何店舗かあるなど、商店街全体が賑わい、買い回り品を中心に売れ行きも好調でした。

しかし、１９９４年にその状況が一変します。郊外に駐車場を備えた量販店が次々と出店したことに加え、商店街の集客を支えていた大型スーパーやデパートが撤退してしまったのです。突然、核になるデパートとスーパーが姿を消し、集客装置がなくなったのは地域にとって痛手となりましたが、杉山フルーツ店は撤退したスーパーのちょうど前にあったため、より大きな影響を受けることになったのです。

清氏は、不安はもちろんありましたが、このピンチをチャンスと捉え、お店をギフト専門の高級フルーツ店へ生まれ変わらせるという、大きな方針転換を決断します。それまで同店では買い回り品が中心で、まだ量販店がなかったこともあり、ある程度値段で商売をしていました。そうしたなかで、真逆の高級フルーツ店にして、量より質にシフトすることを選んだのです。

同氏がギフト専門の高級フルーツ店へと方針転換したのには理由があります。それは、同氏が地域住民から「スーパーでギフトを頼んだら『うちはできません』と断られた」とか、また違う店舗で「カゴ盛りをつくってほしいと頼んだけど、待てど暮らせど出てこない」という困りごとの声を多数耳にしたからです。

そこで、同氏は、そういうギフト商材がこの町になかったことに気づき、それでは自分の出番だと、ギフトを重要視していったのです。

ギフト専門の高級店へとシフトチェンジした同店に対し、当初は戸惑いの声も多く聞こえましたが、様々なサービスで顧客の心をつかんでいきます。まず力を入れたのがラッピングです。同氏が取得していたギフトラッピングコーディネーターの資格を生かし、当時のフルーツ店では珍しい飾り付けを施し、好評を博していきます。

さらに、お店で売っているのと変わらない高品質のフルーツを使用したウェルカムドリンクの提供も行いました。周囲から、「こんな高品質のジュースを1日に何百杯も出していたら、店が潰れてしまう」と心配されたと言いますが、それでも同氏は「でも、一見さんがうちへ来て飲んだジュースがまずければ、これはフルーツもまずいんじゃないかと評価されてしまいます。やはり入り口、イントロ部分は一番大事です」「常連さんもそうですけど、一見さんにも名刺代わりにウェルカムドリンクを出しているんですよ。そこから会話が出てくるわけですね。『いや美味しい。これイチゴですね、メロンですね』っていう、そんな会話から仕事をもらえるので、これはもう本当に効果大です」と、そこから得られる効果は大きいと話します。

ギフト専門の高級フルーツ店に転換した同店が、次に目指したのが自社商品の開発です。そして2005年に完成したのが、新鮮なフルーツを美しく彩った生ゼリー。開発のきっかけは、同氏が「カットフルーツは百貨店でもスーパーでも置いてある。これをカラフルにして、ゼリーを注いだらもっと面白いんじゃないか」と思い立ったことからです。

通常、フルーツゼリーをつくる際は、フルーツが持つ酸味がゼリーを溶けやすくしてしまい、果物を生のままゼリーで固めるのが難しいという理由から、缶詰や砂糖漬けした加工用のフルーツを使うのが業界のセオリーというなか、同店ではギフト用と同じ高品質のフルーツを使っています。

さらに、ゼリーの原料となる寒天も、富士山麓の地下水を使って、加熱・液化してから容器に注ぎ、それを冷やし固めてゼリーにしているのです。今では1日に700〜800個をつくっていると言いますが、機械を使って大量生産すると、生のフルーツが煮えてしまうリスクも生じるということで、1つひとつ手づくりをしているのです。

これだけ、高品質な素材で手間隙かけてつくる生ゼリーは、使われているフルーツの旬や、その年の獲れ高などによって価格が大きく変わりますが、高いものでは1000円近いものもあり、決して安いとは言えません。しかし、販売以来、高くても本物の味を知ってしまった多くの顧客や、その口コミで知った顧客の間でたちまち評判となり、賑わいを失った商店街にあって開店前から長蛇の列ができるようになりました。

当然、この噂を聞き付けた東京の大手百貨店などから出店要請が数多くあったと言います。しかし、手づくりにこだわる清氏は、大型商業施設で販売しようとすれば、このつくり方では採算に合わないと固辞をしています。また、百貨店の催事に出ることもありますが、そこでの販売は個数限定としているため、結果として非常に希少な商品となり、それが人気に拍車をかけ、同店を目的にしたわざわざ客がさらに増えるという好循環が生まれているのです。

同氏は、「大量生産×大量販売＝市場崩壊、という変な方程式が頭のなかにあり、ここに来ないと買えないというプレミアム感がなくなってしまえば、必ず飽きが来るだろうという思いがありました。だからこそ、今も買い求めてくれるお客さん、リピーターがいるのだと考えています」と自身の経営方針を話します。

同店は、素材・製法に徹底的にこだわった、ここでしか買えないフルーツ生ゼリーを自らがつくり、自らが提供することで、顧客から高い評価を得ているのです。

事例4　福井経編興業株式会社

福井県福井市に、婦人・紳士外衣用、カーシート、水着、裏地、スポーツ外衣などの製造を行う福井経編興業株式会社があります。同社は1944年6月、メリヤス製造会社として設立されたのが始まりです。

ちなみに社名になっている経編《たてあみ》とは、整経されて平行に並べられた多くの経糸によって、縦方向に編目をつくっていく編み方のことで、出来上がった生地は伸縮性や機能性に優れ、応用範囲は広く、その用途はファッション、ユニフォーム、インテリア、医療、産業資材など多岐にわたります。

設立以来、編みを専門とするニット生地メーカーとして、国内最大級の経編工場で国内生産量の23％にあたるニット生地を生産しています。その技術力は高く評価され、ラグビーワールドカップ2019では日本代表フォワード用ユニフォームに生地が採用され、

２０２３年９月に開幕するワールドカップにおいても再び採用されています。

また２０１５年出版の池井戸潤著『下町ロケット　ガウディ計画』（小学館文庫）は、同社の「心・血管修復パッチ」を取材し、その開発は作中に登場する新技術のモチーフとされました。

では、同社はなぜここまでの高い評価を得ることができたのでしょうか。１つ目は、技術開発力です。同社が立地する福井県はもともと地場産業として繊維産業が発展していました。しかし、県内繊維産業の出荷額は１９９０年代初頭の４９９５億円をピークに、２０１０年には２３０６億円と半減します。そこで同社は１９９０年頃からそれまでの委託加工のみではなく、自ら衣料品などの製品を企画・販売する自販の活動を開始し、自社ブランドの確立を進めていったのです。

同社の現社長である高木義秀氏は、そのなかで国内にとどまらず世界への挑戦を試みていきます。その１つが、２０１０年９月開催の世界最高峰のファッション素材見本市「プルミエール・ヴィジョン」に参加したことです。

そこに参加した日本企業はわずか28社、しかもその半数以上が大企業というなか、同氏は「どうしたらこの世界最高峰の展示会で会社の技術のインパクトを残せるか」を考え、シルクの糸を編み込む技術を開発しました。

それは、シルクなどの天然繊維は切れやすく、ましてやそれをハードな機械で編み込むというのは他社には決して真似できない技術だったこともあり、世界中から同社は面白いものをつくっていると注目を集め、エルメスのジャケットに採用されるなどしました。

同氏はその技術をさらに生かすための新分野として医療分野を選びます。これまでの衣料生産では安価な中国製等が台頭し、小売りもインターネット通販が普及するなど、環境の変化が続くなか、企業として既存事業のままで生き残れるのかを考えたときに厳しいことは明らかでした。

さらに、時を同じくして、2010年、ある大学教授からの「シルクの糸で人工血管を編めないか」という問い合わせも背中を押すことになります。

同氏は社内に人工血管プロジェクトチームを立ち上げ、研究を重ね、100%絹製の直径6ミリ以下の人工血管を量産する技術開発に成功します。これまでの人工血管素材では直径6ミリ以下になると血栓ができやすくなるという課題がありましたが、これにより解決の途が開けたのです。ちなみに、その大学教授がいくつもの国内メーカーに問い合わせ、そのすべてから「できない」と言われ続けていたほどの技術を同社が開発したのです。

その技術開発の噂を聞き付けた別の大学教授から、今度は疾患のある小児の身体の成長に合わせて一緒に伸長する特性を持つ「心・血管修復パッチ」を開発したいという話がありました。

従来品ももちろんありましたが、劣化や伸展性に課題があり、手術の術式によっては5年間に約50%の子供が再手術を受けている現状があり、それを子供の成長に合わせて最大で縦横2倍まで伸長する新しい心臓修復パッチを開発することで、これまで必要だった再手術を回避し、患者の負担を軽減するというものです。

同社と大学、もう1社の大手企業による共同研究開発が進められており、2022年に問題なく臨床試験を終え、薬事申請されました。国による保険適用に関する審査を経て、2023年秋以降にも本格生産と流通開始が見込まれています。

そしてこの医療分野への進出は、難易度の高い業務に取り組むことで、同社内にチャレンジ精神や向上心が醸成され、社員の意識を高めるとともに、採用面でも効果をもたらしました。縮小する地場産業から医療機器という最先端分野に展開したことで、同社への工場見学の依頼も増え、知名度が向上します。それにより、これまでは発信できる魅力に乏しく、求人を出してもなかなか応募者のなかった同社が、優秀な人財が次々に殺到する企業になったのです。

同社は、これまで培った「編み力」をもとにした高い技術開発力で、「衣料から医療へ」という新分野展開を図り、従来品が抱えていた課題を解決することで、高い評価を得ていったのです。

事例5　ホットマン株式会社

東京都青梅市に、繊維製品の製造・加工および販売を行うホットマン株式会社があります。同社は、1868年（明治元年）、着物用の絹織物製造業として創業したのが始まりです。同社が立地する青梅市は、平安時代以前から織物の里だったという言い伝えがあり、昭和20年代の最盛期には、夜具地（ふとん地）の全国シェアの60～80％を占めるほど、古くから織物産業が盛んな地域でした。

その後、1943年には、ダマスクテーブルクロスをアメリカへ輸出することもしていましたが、太平洋戦争開始とともに鉄製の機械は国に回収され、操業が困難となってしまいます。戦後、徐々に操業を再開し、1951年に梅花紡織株式会社を設立し、綿先染婦人服地などの製造に取り組んでいきました。

ただ、当時の2代目社長は「自分たちがつくった服地を発注元に納めるだけで、それがどんな服になって、どんな人が着るのかまでみることができないのは悔しい」と感じていて、いずれは自分たちで完成品をつくりたいという思いを強く持っていました。

そして、熟考を重ねるなかで辿り着いたのがタオルです。タオルを選択したのは、形がシンプルなこと、商品が出来上がるまでの過程のすべてに関われることが理由です。さらに、当時はまだまだ手ぬぐいが主流で、タオルは一家に1枚あるかないかという時代であり、今後、大きく伸びていく可能性を秘めた商品であったことも理由の1つでした。

早速、同社は昭和30年代半ばに、通商産業省（現：経済産業省）がスーパーマガジン型タオル自動織機の台数増加計画を発表したのを受け、すぐに申請を行い、青梅市に120台分の機械を確保します。ただし、すべてを同社で使ったわけではなく、そのうちの30台を自社で、残り90台は周辺の工場に「一緒にタオルをつくらないか」と呼びかけ、提供していったのです。

その理由は、当時、既にタオルの有名な産地として、今治（愛媛県）、泉州（大阪府）などがあり、後発メーカーとしては、他地域のマネをするのではなく、これまで地域で培った技術や知識を活用した新しいタオルをつくる必要があったからです。「本物づくりに徹する」という創業以来の理念のもと、服地で培った技術や方法を生かし、原材料にまでこだわって、他産地とは違う独自の上質タオルをつくることを目指して、1963年にタオル製造を開始します。

こうして始まったタオル事業は、当初、通常の取引形態である問屋への卸売りを行っていました。しかし、事業が軌道に乗った1972年、「少しでもお客様に近く」という強い思いから、当時のファッション最先端の地・六本木に直営1号店「HOTMAN」を開店し、直販を開始します。ちなみに、店名の由来ですが、タオルの温かみとつくり手の熱い思い、そして店舗のスタッフも心の温かさを持つ人たちということで名づけられています。

まだまだ問屋への卸売りが一般的だったこともあり、周囲からの猛反対・猛反発に遭いましたが、それでも同社では、高い品質を追求しながら、全工程に関わり責任を持ちたい、自らの手で、顧客に商品と共に安心と信頼を届けたいという想いから、すべての生産工程を自社で行える一貫生産、そして販売までも自社で行う製販一貫という、他に類をみない独自の仕組みを構築したのです。

当時、一般的なバスタオルが1枚500円だったのに対し、同社のタオルは、素材にもこだわり、独自の織り方を開発して、密度の高いタオル生地を実現し、さらに地下100

mから吸い上げた地下水で何時間も洗浄することでつくり上げた高品質のオリジナルタオルとして1500円で販売しました。しかし、本物を求める多くの顧客に支持され、全国の百貨店などに70ヶ所を超える直営店を展開するまでに発展しています。現在、同社の商品は2000種類以上、価格もバスタオルなら高いもので約15000円、シェニール織の特注ベッドスプレッドは15万円と、高付加価値商品を提供しています。

なお、同社での直営店販売を開始するにあたり、それまでお世話になった問屋に迷惑をかけることがないよう、関係性の維持に努めながら、問屋を通して取引していた先への出店を控えながら、直営店を新規開拓していきました。

その後、価格競争のスパイラルを離れてブランドを構築するために、直営店化を推進していくと同時に、問屋を介さない「直結卸方式」へと切り替え、卸販売は大幅に縮小していきました。

事業は順調に展開していたものの、同社が取り扱うタオルには品質の高さや価値を訴求しづらいという特徴がありました。そこで同社は、自社製品の強みは何か、それを端的に表す言葉は何かを真剣に検討していきます。

同社8代目社長の坂本将之氏は、「タオルづくりへの強い思いゆえに、どうしても商品の魅力をたくさん伝えたくなりがちですが、やみくもに魅力を伝えたところで、何となく良い商品ということは伝わっても、欲しい商品にはなりません」と話します。

そこで着目したのが、タオルの本質である「吸水性」です。東京都立産業技術研究センターに自社製品の検査を依頼し、その結果を基に、２０１３年に品質を定量的に表して、かつ分かりやすい「1秒タオル」という言葉が生まれました。

ちなみに、1秒タオルとは、同社独自の規定をクリアした、非常に高い吸水性を持つタオルのことで、1センチ角に切ったタオルを水に浮かべ、1秒以内に沈み始める吸水性の高いタオルとしています。この速さは、今治タオルが5秒以内。一般的なタオルが60秒以内と言われていることから考えても、同社のタオルの吸水性がいかに高いかが分かります。

同社のタオルがなぜここまで高い機能性を発揮するのか？　それは同社が製造から販売まで一貫して行う製販一貫型（ＳＰＡ）の経営を進めていることが大きな理由です。通常、タオル製造には「織る」「染める」「縫う」など多くの工程があり、それぞれ専業の企業が存在するのが一般的ななか、同社はこれらの工程をすべて自社で一貫生産できる仕組みを持っています。つまり、同社は業界で国内唯一「製販一貫」と「製造部門の一貫生産」を実現した企業なのです。

社内には、製造から販売までの部門横断的なプロジェクトチームが編成され、全社を挙げて、顧客に「1秒タオル」の魅力をアピールしています。

また一般の小売店では、販売しているのは自社の販売員ではないので、当然、商品の説明が不十分になったり、他社製品を薦めづらくなるなどの理由から、販売のインセンティブが弱くなり、敬遠される恐れもあります。

一方、同社は自社販売だからこそ、店頭で吸水性の実演をしたり、「1秒」の説明やその他の説明などがしやすくなります。さらに、製販一貫のため、価格設定の自由度は比較的高く、売れる価格帯なども考慮しながら、価格以上に価値ある商品をつくることに強いこだわりを持っているのです。

このように、差別化が難しいと言われるタオル業界にあって、同社は価格競争に巻き込まれにくいポジションを積極的に築いていったのです。

同社は、低価格商品が多いタオル業界において、競合他社と比べて2倍の原価をかけたものづくりを行い、価格は高くても質にこだわったタオルを提供することで、顧客からの高い評価を得ていったのです。

事例6　シバセ工業株式会社

岡山県浅口市に、各種ストローの製造・販売を行うシバセ工業株式会社があります。1926年に芝勢家が精米を業として創業したのが始まりです。その後、1949年に、精米麦・そうめん加工販売として「芝勢興業株式会社」を設立。そして1969年に、現在の主事業であるプラスチックストローの生産を開始しています。

なぜ、同社は精米業からストロー製造に事業転換したのか。それは同社が立地する浅口市が国産ストロー発祥の地だったからです。明治時代、浅口市周辺では麦の生産が盛んで、収穫の終わった麦わらを材料にして編んだ真田ひも「麦稈《ばっかん》真田」や麦わら帽子、そうめんといった麦関連の産業が次々に誕生していました。そして、麦の茎を使ったストローもその1つでした。ちなみに、ストローは麦わらがその語源となっています。

同社は、メーカーとしては後発でしたが、すぐに大手飲料メーカーとの取引が決まるなど、順調に業務を拡大していきます。さらに80年代に入ると、小売店に並ぶパックジュースのストローや学校給食用のストローなどの生産が9割以上を占めるまでになりました。ただ、順調だったストロー生産も、90年代に入ると、得意先の個人喫茶店の減少や中国をはじめとする安価な輸入品の影響もあり、廃業に追い込まれる同業も増えてきました。

さらに、同社にとって大きかったのは、同社が担っていたパックジュースのストローが、1997年ごろから、他社が開発した紙パックに接着包装できる2段式の伸縮ストローにとって代わられはじめたことで、1995年に5億円強あった売上は、2002年には1億2000万円まで減少します。

その状況下、1999年に工場長として入社し、2005年に社長就任した磯田拓也氏は、新規開拓・新用途開発に積極的に取り組んでいきます。同社が決めた経営方針は「自主独立」。大手飲料メーカーとの取引に依存し苦しんだ経験から、1社依存はリスクが大きいと判断し、下請けにはならないと決めます。

また、国内のストロー市場で9割を占める輸入品に対抗するため、多彩な色やサイズを取り揃えた多品種少量のストローを生産し、スピード感を持って顧客の要望に対応することにしました。さらに2007年には、ストローの新たな用途として工業向けの生産を始めます。

この工業向けストローが、苦境に陥っていた同社に転機をもたらすことになります。磯田氏は前職がエンジニアということもあり、飲料用のストローが低迷するなかで、ストローをプラスチック製のパイプとしてみれば、用途はまだまだ広げることができると考えたのです。

さらに、それを後押ししたのが、業界のなかでも早い段階で立ち上げたホームページからの問い合わせでした。ホームページにカタログを掲載していたところ、既存の取引先以外の企業から「こういったものはできないか」という問い合わせが寄せられました。しかも、それは飲料用ではない用途による問い合わせだったこともあり、同氏のなかで、ストローは飲料用という固定概念は完全に覆されたのです。

ストローは、薄くて、軽くて、使い捨てができるという特徴があり、製造も専用金型を用いることなく成形ができるため、短納期・低コストで対応できる。さらに、ストローは一見すると簡単につくれるように思われがちだが、薄いため、安定して製造するには技術やノウハウが必要になります。

同社でも、0・1ミリ単位でストローの直径を調整できる薄肉成形技術が、その強みになっています。それゆえ、競合業者や新規参入もほぼない市場なのです。

同氏は、新用途のストローを「工業用ストロー」と自ら名付けて、医療用・工業用に次々と用途開発を進めていきます。

たとえば、アルコール検知器で使われるストローもその1つです。2023年にも、多くの一般企業で、車を運転する際にアルコール検知が義務化されるのに伴い、ストローの受注が相次いでいます。

同社のストローは、既存のすべての検知器に合うように、1ミリ刻みで5種類のサイズを用意していて、しかも価格は1本1円以下と、1本50~200円するマウスピースに比べ、はるかに安価です。

それまで使用のたびに付属のマウスピースを洗っていた手間が省け、検知器を介しての新型コロナの感染を防ぐためにも、交換して使えるストローへの需要が一気に高まりました。今では月に1000万本ものストローを生産するまでになっています。

さらに、ストローは消耗品であるため、1回注文があれば、ほぼリピートは間違いないものになっているのです。

その他にも、ばねやワイヤーなどの工業用備品を入れる容器、注射針やメスなどの鋭利な医療器具の保護カバー、血液などの液体を運ぶスポイトとノズルの役割を果たすものなど、次々に新用途の開発を進めています。

これらの取り組みと、ストローが軽くて衛生的で低コストで、金属や木材の代替品として広く活用できるという認知も高まっていることで、現在では、取引先は5000社を超え、工業用ストローの売上も全体の4割を占めるまでになっています。

同社は、これまで飲料用という用途しかなかったストローに、新用途に対応する付加価値の高い製品を提供し続けることで、顧客から高い評価・信頼を得ることに成功したのです。

7 少品種大量型から多品種小量型への転換 ――特定企業や市場に依存しすぎないバランス

「少品種大量型製造を現在も進めている」「特定の取引先に過度に依存している」といったバランスを欠いた経営を行っていることが、価格競争に巻き込まれている多くの企業が抱えている問題点の1つです。

確かに、1つの部品・製品を大量生産し、1社への依存度を高くしていれば、効率も良く、まとまった売上を見通せるため、企業として安心できるという面は確かにあります。

しかし、その一方で、1つの部品・製品の大量生産、1社への極端な依存は、自社の技術力・商品力に期待されてのことであればまだしも、特別な差別化要因がないのなら問題です。というのも、その取引を失いたくないがために、取引先からの要求が、コスト面や納期面からみて、どんなに理不尽であったとしても、従わざるを得ない苦しい状況に陥る危険性を常にはらんでいるからです。

また、その取引先が海外への工場移転や国内の別工場への生産の移管等を行うこともあり、永久的に自社に発注してくれる保証は、誰にもできないのです。

そんな特定商品・部品や1社の取引先に過度に依存した不安定な状況からは、いち早く脱却すべきです。時間はかかるかもしれませんが、独自技術・独自商品など、差別化できるポイントをみつけ、商品・取引先を分散して特定の商品・取引先への依存度を低減する経営に舵を切っていくべきです。

1社から100％の注文・売上を得るのではなく、100社から1％ずつの注文・売上を得ていく。そして、理不尽な取引や支払いを強要するような企業とは、「こちらから取引をお断りする」という強い決意で経営をしていくべきなのです。

このことは、筆者も審査に関わる、人を大切にする経営学会が行っている「日本でいちばん大切にしたい会社」大賞の審査項目の1つに、「最大の販売先への売上高比率は20％以下である」とあることからも、その重要度が分かると思います。

事例1　東海バネ工業株式会社

大阪府大阪市に、金属ばね設計・製造・販売を行う東海バネ工業株式会社があります。1934年3月、同社は大阪で金属ばねの製造を開始し、1944年3月に会社設立しています。なお、同社の社名は、創業者の南谷三男氏の出身地が岐阜県ということから、自身が生まれ育った東海地方にちなんで名づけられています。

南谷氏には子供が3人いましたが、全員女性だったこともあって、遠縁にあたる渡辺良機氏（現顧問）に声がかかります。渡辺氏は当時、別の会社に就職しており、その話を一度断りましたが、4年間にわたり口説かれ続け、1971年に入社、1984年に社長に就任しています。

同社は、渡辺氏が入社する以前から、創業以来70年以上にわたって、「ばね一筋、完全受注・単品生産」をコア・コンピタンスに、最適の設計・最適の品質で顧客の要望に対応し続けてきました。その結果、社員数86名の規模でありながら、同社の製品は、明石海峡大橋の土台部分を支えるばね、高さ634mを誇り、常に風速10m以上の風が吹き付ける東京スカイツリーの揺れを抑制するための制振用ばね、JAXAが開発を進める日本の新たな基幹ロケット「H3ロケット」にも採用されるなど、まさにオンリーワン商品ばかりなのです。

では、なぜ同社のばねは、これほどまでに活用されているのでしょうか。

1つ目は、平均受注ロット5個の多品種微量生産体制で、しかも、完全受注生産体制による1個からの製作が可能という点です。

この生産体制にしたのは、渡辺氏が社長時代に視察したドイツのばねメーカーでの話がきっかけです。第2章でも触れましたが、「価格はどのように設定していますか」という渡辺氏の質問に対し、「原価などに利益を乗せて設定している」という返事でした。続けて、「値引きを要求されませんか」と尋ねると、「値引きして売っているようでは、ばね屋として成り立たない。価格が折り合わなければ断るだけ」と答えたと言います。

その言葉を聞き、「単品特化のばね屋が値引きをしていたら、消滅するよりないいんだ」と深く思い知ります。同社は創業時、後発メーカーだったこともあり、数量が多くまとまった案件はなかなか来ない状況でした。まともにやりあっても注文は取れない。それゆえ、他社がやらない・やれない、多品種微量・完全受注生産をその後の生きる道としたのです。

結果的に、同社は非価格競争の世界に身を置くことになり、他社がやらない仕事をすることで価格決定権を持つことが可能となりました。また納期の要求にも可能な範囲で応えて、理解してくれた顧客からの注文のみに応じています。それゆえ、値引き交渉をしてくる問い合わせには「他社をお探しください」と、きっぱり断っているのです。

この対応を可能にしているのが、同社の完全受注を支えるシステムにあります。顧客から注文が入ると、同社がこれまでに起こしたすべての設計図面から、参考になりそうなものを瞬時に検索し、今回検討すべき項目を確認し提案ができるのです。さらに、同社の見積管理システムにより、顧客が必要とする品質のばねを、いつ納品できるのかを把握し、設計部門や在庫管理部門との連携によって、的確に最適価格の見積りを提案することができるのです。

購入後も、発注履歴をもとに、瞬時に再注文ができるシステムも構築され、注文のあったばねの仕様・設計要求・条件を同社側が確認できるだけでなく、顧客側でも顧客専用ページから確認できるようになっています。それゆえ、今まで発注した全製品の購入履歴が確認できるため、再発注に要する時間も大幅短縮できました。

2つ目は、顧客が必要とする品質のばねをつくる体制の構築です。同社では、製作過程のなかで最も重要なのは「ばねをつくる職人技の伝承」だと考えています。製作には、設計図面に従った適正なばねを製作するための国家資格である「金属ばね製造技術士」の資格が必要で、同社には多くの有資格者がおり、手づくりでなければできない完全受注の高品質ばねづくりの体制が整っています。さらに、国家資格だけではなく、社内独自の資格制度を制定し、より高度で精密なばね製造にも取り組んでいます。

また同社では、人による職人技の伝承だけではなく、その機械化にも取り組んでいて、その結果、高品質を保ったまま職人技を再現できる機械の開発にも成功しました。

同社は、ITを活用した完全受注生産体制と徹底した職人技術の伝承により、同業他社がやらない・やれない「単品に特化した多品種微量・完全受注生産」の金属ばね専門メーカーとして高く評価されているのです。

事例2 大和合金株式会社

埼玉県入間郡三芳町に、ベリリウム銅・クロム銅・アルミニウム青銅等特殊銅合金の製造販売を行う大和合金株式会社があります。同社は1941年、創業者の萩野茂氏が板橋区志村前野町に富士特殊金属研究所を設立して研究開発した結晶微細化強力合金（YGブロンズ）の生産を開始したのが始まりです。

以来、同社の特殊合金は、自動車、航空機、半導体、鉄道、船舶、一般機械、光ファイバー海底ケーブル、熱核融合実験炉装置用材料、プラスチック用金型材料など幅広い用途で使用され、特殊合金に関する相談に何でも応えるパイオニア企業にまでなっています。

特に同社が開発する、航空機の離着陸を支えるランディングギア部品については、不具合や破損が許されない重要な部品ということもあって、海外有名航空機メーカーから、その性能への高い評価を得ています。

では、なぜ同社は、ここまで高い評価を得ることができたのでしょうか。

まず1つ目は、受注体制です。合金メーカーは一般的に、大手メーカーから図面や仕様書を受け取って初めて製造を行う受け身の受注体制が多いとされるなかで、国内外の大学と連携しながら新たな商品を開発したり、海外の幅広い先端分野企業・プロジェクトと積極的に関わることで、自ら新たなニーズを生み出し、受注を獲得する攻めの受注体制を取っているのです。

また、その事業展開も、時代に合わせ変化させてきました。実際、創業者は新材料を開発し、2代目が国内で用途や販売網を広げ、現社長の萩野源次郎氏が海外展開を進め、海外進出の武器としての積極的な特許取得を行ってきています。

２０２２年12月16日の『鉄鋼新聞』に、大和合金の値決め方式改定に関する記事が掲載されています。それによれば、今後、同社では添付金属価格については3ヶ月に1度、エネルギー価格については12ヶ月に1度、コスト変動分を製品価格に連動させる方式に改めるということです。ちなみに、価格が下落した場合も同様の対応を取ることになっています。

この改定の発表後も、特に顧客からの反発などはなく、ほとんどの顧客に今回の値決め方式が浸透していると言います。多くの企業では原材料高騰の価格転嫁をしたくてもできない状況のなか、同社は事業を継続するため、適正収益確保に向けた値決め方式に改定したのです。もちろん、それを可能にしたのは、それを認めさせるだけの同社の技術力と信頼力があってこそのことです。

2つ目は、社内生産体制です。同社では、溶解、鋳造、熱間鍛造、熱処理、検査を自社工場で一貫生産・販売が可能な設備・立地を有しています。そのため同社には、超短納期依頼、少量生産依頼、規格に沿わない細かなカスタマイズ依頼、特殊で超高性能なニーズ等への対応など、高難度の依頼が次々と舞い込みます。その結果、同社にはますます特殊銅合金に関する最新情報・ノウハウが蓄積するようになっているのです。

3つ目は、人財教育・技術育成・研究開発力です。同社では研究開発に売上高の1％以上を投下して、大学名誉教授や大手材料メーカーＯＢを招聘した技術講習を行うと同時に、頻繁なジョブローテーションによって複眼的な視野の形成や多能工化への取り組みも行っています。源次郎氏自身も大学院で博士号を取得しているということもあって、社員の希望で大学や大学院に通うことも可能にするなど、彼らが誇りと自信を持って働き、人間力を向上させる教育にも積極的に取り組んでいます（「禅と論語の知恵に学ぶ勉強会」など）。

人財採用においても、学校と企業を行き来しながら、座学と実務訓練を長期にわたり行う、ドイツ生まれの「デュアルシステム」を２０１３年から取り入れています。

学生には、会社見学をしながら、安全面に問題のない範囲でモノづくりの現場にも携わってもらいます。さらに、実習中は運動会や音楽会などの会社行事にも参加し親睦を深めることで、同社の新規学卒者の年間定着率は95％以上と非常に高く、社内には家族的風土が醸成され、世代を超えたつながりも生まれているのです。

同社は創業以来、特殊合金一筋に、技術力と人間力の向上に絶えず取り組み、特殊合金に関する高難度の相談・問題に応え続けることで高い評価を得てきたのです。

事例3　HILLTOP株式会社

京都府宇治市に、アルミ切削加工を行うＨＩＬＬＴＯＰ株式会社があります。表面処理を含め3日以内の超短納期の小ロット対応で、オリジナル装置・治具の開発もしています。

同社は１９８０年9月に京都府城陽市で山本精工株式会社として設立され、その後、２００７年12月に、現在の宇治市フェニックスパークに新社屋を竣工し、翌年2月に営業を開始。２０１４年4月に現社名へと社名変更しました。ちなみに社名には、「余裕を持って、楽しみながら登れる場所」という思いが込められています。

社屋は建坪６００坪、5階建ての東側は全面ガラス張り、4階には暖かな日差しが降り注ぐ社員食堂。ちなみに、この社員食堂は１００名以上が優に入れるサイズですが、これをつくった当時は、まだ社員数は36名だったというから驚くばかりです。その他にも筋トレルームやお風呂など、社員の働き甲斐を考えたつくりになっています。

同社の最大の特長が、「遊ぶ鉄工所」と呼ばれる所以にもなった、ヒルトップシステムとして知られる「多品種単品・24時間無人加工システム」の構築です。このシステム構築に至る大きな転機となったのが、現相談役の山本昌作氏が副社長時の２００３年12月22日に起こった工場火災です。同氏はとにかく消火をしようと、火災・爆発の要因となっていた有機溶剤の入った鋼鉄製の缶を工場外に運び出そうとしました。

しかし、缶は火災の影響で尋常ではない熱さになっていて、山本氏が缶に手を掛けると、自分の手の焦げる音が聞こえたと言います。それでも、自分の手よりも、まずは運び出すことと缶を持ち上げましたが、そこで惨事が起こります。山本氏は足を滑らせ、缶に入っていた液体を頭からかぶってしまったのです。

瞬間的に全身に火が回り、周りにいた社員が必死に火を消そうとしましたが、なかなか消えず、やってきた救急車で病院に運ばれたのです。運ばれた病院でも「この先、何もなければ退院できるかもしれないが…」と口をつぐむほどの状況でした。医師の言葉通り、皮膚を失った同氏の身体は雑菌の温床と化し、その合併症による内臓障害で危篤状態に陥りました。

その後、目を覚ましたのは1ヶ月後で、それから退院までに4ヶ月かかりました。

退院したからといって完治したわけではなく、つらいリハビリ生活を送るなかで、「自分に残せるものは何か?」を考えます。そこで出た答えが、現在の工場（夢工場）の構想だったのです。「社員が誇りに思えるような夢の工場をつくろう」「油まみれの工場を、白衣を着て働く工場にしてみせる」と決意しました。

ただ、同社はもともと、自動車部品を孫請けで製造する、町の小さな鉄工所でしかありませんでした。山本氏は、毎日、同じ製品を大量生産することに疑問を感じていました。そこで脱下請けをするために、「量産ものはやらない」「ルーティーン作業はやらない」「職人はつくらない」といった、これまでの鉄工所の非常識への挑戦を決めたのです。

同氏は、職人の技術もノウハウも、すべて定量化できるはずと考えました。それらをデータベース化して、ルーティーン作業は機械に任せる。また加工方法もデータベース化することで、リピーター受注への対応にもつなげる。そうすることで、結果的に、人はやるべき知的作業に集中できるようになると考えたのです。

その実現のために、同社が取り組んだのが、「人」「本社」「つくるもの」「つくり方」「取引先」の5つを変えることでした。まず「人」は、経験や勘に頼り自身の技術を定量的・論理的に説明できない職人（にわか職人）を社内教育で徹底的に鍛えることで、その考えを変えていきました。

次に「本社」は、前述したように、中小企業こそ本社にお金をかけるべきという同氏の信念のもと、社員が誇りを持てるような夢工場をつくります。

さらに「つくるもの」「つくり方」は、大量生産から多品種少量生産に。さらに製造する部品も単品ものに特化し、アルミ加工製品ならば、どんなものでも単品・少量で加工することにしました。現在、同社の受注全体の80％が製作数1～2個の多品種単品で、月に3000アイテムをオーダーメイドで製作するまでになっています。

つくり方も、就業時間の8割が機械の前、2割がデスク仕事と言われる鉄工所業界にあって、同社では、昼間にデスクでプログラミングをつくり、夜間に機械が製造する、真逆の割合になっています。これが同社の強みとなっているヒルトップシステムなのです。

ちなみに、通常、同種のプログラムを構築する場合、800項目以上のデータを入力する必要がありますが、同社では自社開発ソフトなどを駆使することで、たった25項目の入力でそれが済んでしまうのです。そのため、納期はこれまでの半分になり、受注から納品までの最短日数も新規受注で5日、リピート受注では3日になっているのです。

最後の「取引先」は、以前は下請け企業だったこともあり、親会社からの受注に依存していたものを、1社依存率を30％以下と定め、取引度の状況によって不利な条件を飲むこともなく、また取引の分散により倒産リスクの軽減を図るようにしています。

この方針のもと、同社では毎年約100社の取引先が入れ替わっていて、この入れ替わりを事業の新陳代謝と前向きに捉え、同社が新しいことに挑戦し続ける原動力につながっていると考えているのです。

同社では、売上、社員数、取引先数がともに年々増加し、顧客・社員からの高い支持を受け、成長発展を続けています。

事例4　株式会社東海製蝋

静岡県富士市に、仏事用飾りろうそく、記念用ろうそく、贈答用ろうそくなど、各種ろうそくの製造を行う株式会社東海製蝋があります。同社は1877年、初代の阿久澤源三郎氏が横浜市で、主原料にパラフィンワックスを使ったろうそくをモールド法によってつくり、日本における洋ろうそく製造の草分けとして創業したのが始まりです。

その後、1944年、第二次大戦中の工場焼失により、翌年、富士宮市西町に工場を設置。以来、富士山麓の水や、年間を通じて温度変化の少ない伏流水で、高品質のろうそくをつくり続けています。

同社は現在、製品の大部分を北海道から沖縄まで約3000軒の仏壇・仏具店などの専門店で販売しています。ろうそくの販売はもともと、たとえば東海地区に1軒のろうそく店と何軒もの雑貨問屋があって、「町の雑貨屋さん」へ供給するというルートが一般的で、同社の商圏も神奈川県から愛知県くらいまでで、そこにある雑貨問屋を介して、ろうそくを販売していました。

その後、販売先がスーパーマーケットやドラッグストアなどの量販店中心になると、大量生産・大量消費型の商売を得意とする大手メーカーや海外製品との価格競争も激しくなっていきました。

それを回避すべく、同社は多品種・小ロット型の受注対応へとシフトしていきます。そのきっかけは、横浜にある仏壇店の知り合いと取引を始めたことからでした。直接訪問することによって、消費者のニーズを知ることができるようになったのです。

それまで同社では一般的な洋ろうそくだけを製造していましたが、消費者のニーズを1つひとつ形にし商品化していくことで、現在ではカタログに載っているだけで250種類ほどの品揃えができました。さらに特注品も含めると600～700種類のろうそくをつくっていて、それらを専門店に卸すことによって「専門店向けのろうそく」という市場を創り出したのです。また専門店中心の販売に切り替えたことで、量販店では販売されていないというイメージアップにもつながり、価格競争を回避することに成功します。

また同社は、単に既存製品の販売チャネルを量販店から専門店へ変えただけでなく、消費者のニーズを手に入れたことで、これまでになかった製品を次々と生み出していきます。その代表的な製品が「光源氏」というろうそくと、特許も取得したその専用燭台「もえ」です。

開発のきっかけは、ろうそくが倒れることで起こる火災のニュースを目にしたことでした。もともとろうそくは、ろうそくと燭台が別々の会社でつくられていたため、針とろうそくの穴がうまくはまらずに倒れる危険性があったのです。そこで同社はろうそくと燭台を一体にした「転倒しないろうそく」を開発しようと考え、老舗燭台メーカーに協力を呼び掛けます。しかし、古い業界体質ゆえに理解を得られませんでした。

そこで、同社は仏具関連業界にこだわることなく、地元の中小企業に声をかけ、異業種ネットワークを生かした共同開発に着手します。まず、ろうそくの製造工程にコンピュータを導入し、穴の構造を均一化した上で、地元に蓄積されていた精密機械の製造技術を活用して、その穴に合致した針を設計しました。これにより、同社はろうそくと燭台の一体開発に成功したのです。

さらに開発を進めるなかで、ろうが残らないような工夫も行います。熱伝導率、毛細管現象、表面張力の緻密な計算に基づいて、燭台の素材として主流だった真鍮を、熱伝導率の低い金属に代えてみたのです。炎の燃え方がこれまでと変わり、ろうそくが残り少なくなると、液体化したろうが燭台から吸い上げられ、最後の一滴まで完全燃焼し、嫌な臭いも残らない、プラスアルファの効果も生まれました。

同社の製品は、仏壇・仏具店などの専門店で販売されています。それゆえ、量販店のように販売サイクルが短いということもなく、社員たちが全国各地に出かけて行った際に、自分が関わった製品を目にする機会も多く、自分たちの製品が誰かの役に立っている、必要とされているということを強く感じ、製品づくりへの責任感をより強くするのです。

同社は、古い業界体質のなかにあって、消費者のニーズに応える新しいアイデアを盛り込んだ高付加価値製品をつくり続けることで、顧客から高い評価を得ているのです。

8 価格決定権を持ちたければ、それを認めてくれるいい会社・顧客と取引すること

これまで見てきたように、価格競争から抜け出すためには、様々な手を打つ必要があることが分かったと思います。しかし、実はこういった手を打つ必要もなく、価格競争を抜

け出す方法があるとすれば、誰でも知りたいはずです。その方法は実際に存在するのです。

それは、価格決定権を持ちたければ、それを認めてくれるいい会社・顧客と取引することです。当たり前の話ですが、自社の商品・サービスの正当な価値を認めてくれない会社・顧客を相手に取引をしていても、いつまでたっても自社が望む価格を設定することなどできません。

来る者拒まず、去る者追わずの対応をしていては、自社で主導権を握るなど到底困難なことだと思います。自社の商品・サービスの価値を認めてくれるターゲットに対し、そのニーズを満たし続け、ファン・リピーターになってもらうことこそが、価格決定権を持つための最善の方策になるのです。

当然、企業を継続・永続させていかなければならないので、いきなりすべての取引を見直して、価格決定権を持てない取引をなくせと言っているわけではありません。時間をかけて、企業としての体力をつけることで、それまで正当な価値を認めてくれなかった会社・顧客が御社の価値に気づくこともあるでしょう。また、これまで紹介した手を打つなかで、自社の商品・サービスの正当な価値を認めてくれ、ファン・リピーターになってくれる新たな会社・顧客も必ず生まれるはずです。

時間はかかるかもしれませんが、安定した企業経営を進めていくためには、取引する相手を自ら選んでいくことも必要になってくるのです。

(1)　P・F・ドラッカー著、上田惇生訳『ドラッカー名著集6　創造する経営者』ダイヤモンド社、2007年。

【参考文献】

『社員にもお客様にも価値ある会社』西浦道明著（2013年、かんき出版）
『変化にビクともしない「財務アタマ」経営』西浦道明著（2014年、かんき出版）
『小さな巨人企業を創りあげた 社長の「気づき」と「決断」』西浦道明著（2015年、かんき出版）
『高収益企業の池クジラ戦略』西浦道明著（2021年、ビジネス社）
『ポストコロナを生き抜く術！〔実践〕強い会社の「人を大切にする経営」』坂本光司・人を大切にする経営研究所著（2020年、PHP研究所）
『もう価格で闘わない』坂本光司編著（2021年、あさ出版）
『なぜこの会社はモチベーションが高いのか』坂本光司著（2009年、商業界）
『さらば価格競争』坂本光司&坂本光司研究室著（2016年、商業界）

●著者略歴

坂本　洋介（さかもと　ようすけ）

株式会社アタックス　強くて愛される会社研究所　所長・常務理事

人を大切にする経営学会　常任理事・事務局次長

1977年生まれ。東京経済大学経営学研究科修了。千葉商科大学大学院政策研究科博士課程満期退学。経営学修士（MBA）専門は「中小企業経営論」「地域経済論」

全国各地の「強くて愛される会社」を徹底調査し、そのエッセンスを研究し、世の中に普及させ、1社でも多くの「強くて愛される会社」を増やすための企業視察の企画運営等に取り組む。著書に『社員にもお客様にも価値ある会社』『小さな巨人企業を創りあげた　社長の「気づき」と「決断」』（かんき出版）、『ポストコロナを生き抜く術！〔実践〕強い会社の「人を大切にする経営」』（PHP研究所）など、執筆多数。

2023年11月１日　第１刷発行

なぜ、高くても買ってもらえるのか
——値決めに成功した27社の実践

Ⓒ著　者　坂本洋介
発行者　脇坂康弘

発行所　株式会社 同友館
〒113-0033　東京都文京区本郷 2-29-1
TEL. 03 (3813) 3966
FAX. 03 (3818) 2774
https://www.doyukan.co.jp/

落丁・乱丁本はお取り替えいたします。　三美印刷／東京美術紙工
ISBN 978-4-496-05672-7　Printed in Japan